# 人生100年時代の生き方・働き方

―仕事と人と関わり続ける時代―

所 正文

学文社

# はじめに

1985年9月の暑いある日、当時東京都内の会社に勤務していた私は、親しい先輩社員と共に、この年茨城県つくば市で開催されていた「つくば科学万博」会場を訪れていた。この日、どんな最先端科学技術よりもわれわれ2人の関心を引いたのが「科学万博ポストカプセル2001」であった。これは、今日ここで15年後の自分へ向けてメッセージを発し、それを2001年元旦に受け取るという夢の企画であった。そして、宛先は15年後に確実に受け取れる場所にしなければならなかった。

当時の私は28歳、会社の独身寮に住んでいた。さすがに独身寮を宛先にするわけにはいかない。ちなみに一緒に行った先輩社員は、このとき37歳、奥さんと2人のお子さんと共に社宅住まいであった。この人も手紙の宛先に悩んだ。いろいろと思いをめぐらしてそれぞれ一筆したためたあと、結局2人とも実家宛にポストカプセルを送ったのであった。

このポストカプセルの話、本書のコンセプトと深く関わるものがある。

日々の仕事に取り組み、生活を営んでいくためには、自分はこんな風にこれからの人生を生きたいといった「夢」がなければ現実の荒波に振り回されてしまい、とんでもないところへ流されてしまいかねない。すなわち、「夢」とは、生きるエネルギーをかき立てる行動の原動力となるものである。日々の仕事や生活に流されてはいないか？　自分は「夢」を持って人生航路を歩んでいるか？ときには立ち止まって、こうしたことを自らに問いかけてみる必要がある。

そして2001年元旦、15年間の長いタイムトンネルを経てポストカプセルが届いた。私は43歳になり、妻と2人の子どもがいた。母親とも一緒に実家で暮らしていた。しかし、誠に残念ながらこの間に父親は病気で他界していた。15年間で私をとりまく環境は大きく変わっていた。15年の間に新たに増えた家族と共に20世紀から運ばれてきたポストカプセルを感慨深げに開封したのであった。

15年間の人生航路において己が身に降りかかった数々の出来事が走馬灯のようによみがえった。私はこの間に2度の転職を経験した。引越しも3回行った。しかし、それらを乗り越えることができたのは、行動原動力となった若かりしときの「夢」が存在したからに他ならないように思えた。すなわち、28歳のときに胸に秘めていた「夢」を実現するために、その方向に進路を定めて自分自身を前進させてきたからこそ、今ここに43歳の自分があるように思えたのである。

年齢を重ねることによって夢内容は形を変えていくが、一生涯を通じて人は「夢」を持ち続けて生きていく必要があることに変わりはない。この点はたいへん重要である。

**夢・目標＝自分自身を前進させる道標《みちしるべ》であり、心の安定感を保っている。**

また、一方で私が15年前にポストカプセルを実家宛に送っていたことにもたいへん重要な意味が込められている。おそらく当時の私は、仮にこの間転職や引越しを何度か繰り返すことになっても、実家の住所は決して変わらないと確信していたのであろう。私にとって実家とは、自分の心の中で北極星のように不動の位置を占める存在感のあるものであり、人生航路において前途が閉ざされたときに唯一立ち戻れる場所であったのである。すなわち、人生航路を前進するための「夢」の存在も重要ではあるが、こうした「故郷」の存在も不可欠であるように思える。

## 故郷＝変わらないものの象徴的存在

したがって、夢や希望に向かってがむしゃらに努力していけば、それだけでよいのかといえば、答えはノーである。「夢」の追及は、もちろん大事ではあるが、それは「生涯発達」時代を生きる上での片肺飛行にすぎず、それだけでは人は幸福にはなれない。とりわけ人生の後半以降になると、この点がより明確になる。もう一つたいへん重要なことがあることを本書では論じていきたい。

それが何かについて、ここで少しだけ明かせば、それは高齢女性の生き方の中に、そのヒントが見いだせる。昭和の激動期を生き抜いてきた彼女たちは、決して社会的な成功や物質的な豊かさのみを求めて生きてきたわけではなく、目に映るもの、心に感じるもの、その一つひとつを楽しみながら生きることの素晴らしさをわれわれに教えてくれている。

組織心理学者のシャイン（Shein.E.）は、「キャリア研究では、生涯を通しての人間の生き方を扱う。それは、人生全体を含むものであるため、仕事以外の生活領域の状況も考慮しなければならない」と指摘している。

世界でも類をみない超高齢社会を生きるわれわれの生涯発達においては、老年期までをも見据えた生き方を模索しなければならない。そして、後期高齢者の3分の2近くが女性であることからも、高齢女性の生き方は注目に値し、その中に豊かな生き方のヒントがあるように思われる。

仕事や生き方に関する著作は、とかく男性中心に論ぜられることが多いが、超高齢社会を生きるわれわれは、老年期においては、女性の豊かな生き方を参考にする必要がある。そのとき「故郷」の存在はたいへん重要な意味を持つ。

本書の中では、大学生の時期である青年期後期から、働き盛りの30〜40歳代の成人期、そして定年退職後の老年期まで、幅広い年齢段階（心理学的には発達段階という）が取り扱われている。私はそれらの人たちを対象に、これまで長い年月をかけて、夢内容や生き方、職業生活への意識に関する研究調査を実施してきた。本書では、そうした研究資料に対して理論的な肉づけを行いながら、生き方・働き方のセオリーを探っていきたい。

目次

# 第1章

# 動き続ける人生時計

超高齢社会を生きる人生の山は、一つだけではない。60歳で人生時計〈第1時計〉をリセットし、新たに〈第2時計〉をスタートさせる必要がある。40歳頃から、第2時計を見据えた準備が求められる。第1時計の勝利者が、必ずしも第2時計で勝利者になるとは限らない。21世紀人は、80歳近くまで働く可能性が高い。老年人口が激増し、年金財政がひっ迫するからである。自分の持つ能力を総点検し、原点に立ち返って、考える必要がある。

持続可能な社会を構築する21世紀人の価値観として、社会貢献と老いの受容を2本柱としたプロダクティブ・エイジングが注目される。こうした価値観をもつことが、日本人に求められる。社会問題化している高齢ドライバー問題解決にもヒントを提供する。

捉えておきたいキーワード

□人生時計　□アイデンティティー　□フロイト心理学　□老病死観　□プロダクティブ・エイジング　□持続可能な社会

1

# 1 人生時計図の構造

わが国社会は、今大きな「時の狭間」にあり、21世紀を生きる人々の生き方が模索されている。20世紀後半を生き抜いた日本人の生き方は、働くことと生きることが一体化していた。自らの仕事を最優先することにより、自分と家族の生き方を決定していたといえる。まさに前者が独立変数、後者が従属変数であり、こうした仕事人間によって、20世紀後半のわが国は、「生産条件優位型」の社会が形成されていた（所、２００２）。

しかし、21世紀中盤へ向けて、働くことと生きることがともに自律し、一方が他方の従属物にはならなくなっている。21世紀中盤においては、与えられた仕事に身を委ねていれば、必ずしも幸福に結びつくとは限らない。仕事に関わる年数が格段に長くなり、老年期まで仕事を持ち続けるからである。そのため、自らの生き方、働き方に関して、長期的展望を持った独自の価値観を確立しなければならない。

動き続ける人生時計の音から、人生前半と後半では、人生から振り掛かる課題が異なることに皆が気づき始めている。人生１００年時代がみえ始めた21世紀中盤へ向けて、意識改革が急務となる。本節で述べる第1時計と第2時計は、そのヒントを提供する。以下に概要を述べたい。

## （1） 成長期の人生時計〈第1時計〉

厚生労働省の「簡易生命表」によれば、１９４７（昭和22）年の平均寿命は、男性50・06歳、女性53・96歳と記録され、終戦直後には「人生50年」であったことがうかがえる。その後、高度経済成長を続けたわが国は、急ピッチで平均寿命を伸ばし続け、20世紀後半には、世界に冠たる長寿国家として名を連ねていった。

１９６０（昭和35）年には、早くも日本人女性の平均寿命は70歳を突破し、１９７１（昭和46）年には男性も70歳を突破した。そして、１９８４（昭和59）年には女性の平均寿命は80歳を超えた。男性のほうもこれに遅れること19年、２０１３（平成25）年に80歳を超えた。２０１５（平成27）年時点では、男性80・79歳、女性87・05歳となっている。

現在のわが国社会は、まさに「人生80年」社会を実現している。そして、各年齢段階に応じた取り組むべき課題が存在し、その課題に取り組むことによって、人々は人生に価値を見いだしている。人生80年を１日24時間に置き換える「人生時計図」という考え方がある。誕生を零時とし、20歳は午前６時、40歳がちょうど正午に当たる。働き盛りの50歳代前半は、午後３～４時ごろに当たる。夕暮れまでには十分一仕事できる時間帯である。そして、60歳定年は午後６時であり、このあとの時間帯は楽しい晩餐の一時となる（図１・１）。

「１年＝18分」に置き換えられ、時は流れていく。各時間帯にやるべき仕事（発達課題）が存在し、現在の自分の年齢に見合うおおよその時刻を意識することにより、今何に取り組むべきかを考える。年齢を意識することにより、充実した「生」を謳歌できるという考え方が人生時計図の含意である。取り組むべき課題は各年齢段階に存在し、それぞれ異なる。焦らずゆっくり取り組める課題もあるが、タイミングを逃すと取り組めなくなる課題もある。いわゆる臨界期（critical period）の存在である。

女性だけに存在する安全出産年齢の目安（35歳前後）が、臨界期の代表といえる。男性は50歳を

◆人生80年＝1日24時間　（1年＝18分）
20歳＝午前6時
30歳＝午前9時
40歳＝正午
50歳＝午後3時
60歳＝午後6時
70歳＝午後9時

図1・1　人生時計〈第1時計〉

超えても父親になれるが、女性の場合、個人差はあるものの一般的に45歳を超えると出産は難しいとされる。そのため、女性の人生設計において、子どもの出産は、人生時計の午前中の時間帯に行うべき仕事であると理解されている。

20世紀半ごろ、中国の当時の毛沢東国家主席は、朝日の昇りきった午前8時ごろが人生で最もよい時期であると述べたとされる。人生60年時代では20歳ごろ、75年時代では25歳ごろ、80年時代では27～29歳ごろにあたる。午前8時ごろの時間帯は、これからの一日（活動時間帯）がどう展開するのか、未知数である部分が少なくなく、安定感を欠くが、その反面、これから昼に向かって日が昇り続け、活力がみなぎる時間帯でもある。そうした時間帯を生きる若者に対して、時代を越えて、勇気を与える含蓄のある言葉になっている。

２０５０年には１００歳老人は70万人を超える、さらに２００７年生まれの半数が１００歳を超えるという予測も出ている。人生１００年を視野に入れた人生時計が求められる時代が、いよいよ間近に迫ってきている。人生１００年時代を生きるにあたって、人生時計は、第1時計と第2時計から構成される。第1時計は、旧来型の成長期の人生時計であり、年齢段階に応じた発達課題を示唆する。21世紀中盤を生きる人々にとっても、人生の中盤までは第1時計によって、道標《みちしるべ》が提供され続けることになる。

しかし、人生100年を視野に入れ始めた21世紀人にとって、60歳以降の人生の時間帯を、就寝までの単なる休息時間帯として位置づける第1時計の限界がみえ始めた。そして、さらに80歳以降も続く人生を見据えて、第2時計では、新たな道標を示すことが必要になる。

### (2) 老年期の人生時計〈第2時計〉

超高齢社会では、人生時計を80歳以降も設定する必要がある。そして、超高齢社会を生きる人々の人生の山は、一つだけではなく、もう一つあるはずである。最初の山は、仕事の定年年齢である60歳を迎えた午後6時で終わり、第2の山が60歳以降に始まるという考え方である（図1・2）。60歳で第1時計をリセットし、新たに第2時計をスタートさせるということである。そのためには、第1時計において、午後に差し掛かった40歳あたりから、第2時計を見据えた準備を始める必要がある。この準備が不十分であると、次の人生ステージでつまずくことになる。すなわち、第1時計の勝利者が、必ずしも第2時計で勝利者になるとは言い切れないのである。

20世紀後半型の60歳以降の人生において、生活の中核部分に仕事を組み入れる人は少なかった。しかし、21世紀中盤型の60歳以降の人生では、生活の中核部分に仕事を組み入れることが必須条件になる。老年人口が激増し、年金財政がひっ迫するため、60～70歳代の高齢者も仕事を行い、一定収入を得ることが求められるからである。

その際、自分のもつ能力を総点検し、「地域社会のために今の自分は何ができるか」を原点に立ち返って考える必要がある。この過程において、高齢者は人生目標を見つけ、社会貢献を行い、生涯発達を続けることになる。老年期の仕事は、一定収入の獲得が目的の一つにはなるが、決して無

◆60 歳からの 60 年を 24 時間で再構築
60 歳＝午前零時（1 年＝24 分）
65 歳＝午前 2 時（5 年＝120 分＝ 2 時間）
75 歳＝午前 6 時（15 年＝ 6 時間）
80 歳＝午前 8 時
85 歳＝午前 10 時
90 歳＝正午
95 歳＝午後 2 時
100 歳＝午後 4 時
105 歳＝午後 6 時

図1・2　人生時計〈第2時計〉

理はせず、自らの健康状態に適した仕事を選択することになる。そして、仕事を通した活動そのものが、高齢者に満足感を与えるものでなければならない。したがって、老年期の発達課題として、社会貢献と老いの受容の二つがあげられる。

老年期の人生時計（第2時計）は、第1時計を午後6時でリセットし、60歳からの60年を24時間で再構築したものである。第2時計は1年間で24分進む。第1時計よりも進行速度が少し速い。第2時計において、朝日の昇りきる午前8時台は、80歳過ぎのころとなる。再び、朝日が昇る時間帯をつくり出し、老年期に希望と潤いをもたらすことがたいへん重要である。第2時計では、発想を切り替えて、家庭生活や地域社会への貢献を目標に生きることが求められるのである。

1/2

# 生涯発達の展開

## （1） アイデンティティーの意味：キャリアデザインの根幹

本節では、人が年をとり、あるいは周りの環境がどんなに変わろうとも、生きていく拠りどころとなる「変わらないもの」は何かを追究していく。21世紀社会が激変しても、人間行動を突き動かすうえで、変わらないものは必ず存在するはずである。仕事を中心とする人生上の問題や生き方全般の理論化に際して、その概念が中核となって生涯発達理論へとつながっていく。

わが国において、「キャリア」といった場合、かつては、人生の中での仕事・働くことを意味した。しかし、近年では、キャリア概念に、生き方、人生そのものの意味が含まれる。したがって、キャリアデザインといった場合、仕事を中核に据えた人生設計が意味される。この点をまず強調しておかなければならない。

そして、キャリアデザインの根幹に据えられる概念は、アイデンティティー（identity）であると筆者は考える。アイデンティティーが形成・確立することによって、生涯発達が展開され、激変する社会環境に対しても耐えられる。

アイデンティティー概念は、エリクソン（Erikson,E.H.）によって提唱されたが、各学問分野によって翻訳語が異なっている。同一性［心理学］、主体性［社会学］、存在［哲学］と訳されている。

心理学分野には、同一性の危機（identity crisis）、同一性の拡散（identity diffusion）、周辺人（marginal man）といった概念が存在する。いずれも、青年期後期に起こる心理現象であり、本来の自分と自己認識している自分とが一致していない状態であると理解されている。こうしたことが、モラトリアム（moratorium）人間へとつながる。

アイデンティティー概念を仕事との関わりばかりでなく、家族関係や人生全体にどう結びつけることができるか、それが生涯発達の課題になる。

精神分析の開祖であるジークムント・フロイト（Freud, S., 1856–1939）は、「正常な人間として、人が健全に行なわなければならないことは何か？」と問われたとき、即座に「愛することと働くこと（Lieben und Arbeiten）」と答えたとされる（小此木、１９７２）。

質問者は、おそらく複雑で深遠な答えを期待したはずであるが、フロイトの回答は、このように実に簡単明瞭であった。この言葉には、人間の生き方に関する重要な示唆が含まれているため、後世において、文献ソースを手繰る研究者も少なくない（葛西、１９９６）。しかし、残念ながら、それは見つかっていない。

筆者も、かつてLieben und Arbeitenの解釈を行ったことがある（所、２００２）。超高齢社会を迎えている日本において、人生１００年時代をどのように生きていくかについて、フロイトのLieben und Arbeitenが深い示唆を与えるからである。まさに、アイデンティティー概念の根幹に位置づけられ、時代を越えた不変の概念となっている。２００２年の筆者の解釈枠組みを前提に、さらに発展させた解釈を以下に記したい。

## （２） フロイトがいう「愛すること」と「働くこと」

### ① 愛すること

「愛すること」（Lieben）については、「自分が人を必要とし、また人も自分を必要とすること」

を意味すると筆者は解釈した。若い男女の恋愛はもちろんのこと、親が子を思う気持ち、また成長した子が年老いた親をいたわる気持ちなどが、その代表である。友情や仲間意識にも当てはまる。愛することの本質には、「共存」「共生」「利他主義」といった概念が深く関わる。1979年にノーベル平和賞を受賞し、「人間愛の体現者」として国際社会から幅広い尊敬を受けるマザー・テレサ（Mother Theresa, 1910–1997）は、「最大の不幸は、貧しさや病ではない。誰からも自分は必要とされていないと感じることである」と語ったことを深く心に留めおきたい。

1995年阪神・淡路大震災後に、さまざまな形でボランティアとして活躍した人たちは、「他人が関心を持ってくれる。見捨てられ、忘れ去られているのではない。そうと知ることが大事である。それで人間は生きていける」と述べている（「天声人語」『朝日新聞』1998年1月18日付／所、2002）。これは、一人暮らしの高齢者に対する支援活動の中で見いだされた貴重な知見である。その後も東北地方で起こった大震災後の支援活動において、この知見は異彩を放っている。

大震災によって大切な家族や家を失い、家族の中で高齢者が1人だけ生き残ったケースでは、ほとんどの高齢者が「自分も一緒に死んでしまえばよかった」と考える。高齢者には、新しい人間関係を築き、立ち直る気力がもはや備わっていない場合が多いからである。こうした状況では、仮設住宅を訪ねたボランティアの人たちが、じっくりと向かい合って話を聞くことが、最も効果的な支援策となった。そして、対話においては、話題は必ずしも震災体験や生活の悩みだけでなく、昔話、趣味、小さな自慢など、双方向的コミュニケーションが成立すれば何でもよかった。時間をかけて真剣に自分の話を聞いてくれる人が、この世にいるということを相手に伝えることが重要であった。それによって、人間としての尊厳を取り戻せ、立ち直るエネルギーを呼び起こすことができたのである。

この考え方は、カウンセリングにおける「傾聴の原理」と相通ずる。心の悩みをカウンセラーが直してくれるわけではないが、カウンセラーとの共存・共生の関係が、立ち直るエネルギーを自らに呼び起こすのである。

共存・共生を図る「愛すること」は、1人では達成不可能である。自分の弱みを見せ、一緒に悩んでくれる相手が存在すること、また、嬉しい出来事を話し、一緒に喜んでくれる相手が存在することが、愛が成立するための大前提である。要するに、2人以上の人間の存在が不可欠となる。

家族愛、愛国心といった概念がある。前者の場合、困っている子どもに対して、親が全力で応援すれば、家族の絆は強まっていく。仕事重視で子どものことを知らないような親であってはいけない。子どもは親のそうした態度をちゃんと見ているからである。後者についても、国民の危機に国家が全力で立ち向かうかどうか、国民は注視している。これによって、国民同士の絆が強まる。災害時における被災地支援や老人介護、いじめ問題への行政の対応は極めて重要である。双方向的な人間関係が成立して、初めて愛が実現するということである。

愛することに関して、2人以上の人間が存在し、双方向的な人間関係の成立が不可欠という点については、洋の東西を問わず共通している。しかし、東西文化間で重要な違いが存在することにも注意を払う必要がある（所、2007）。

西洋文化（キリスト教）では、神（God）との関係で個人を考えるため、多くの人に広く薄く愛を施す「博愛主義」が人々の心の底流に横たわる。仲間と非仲間をはっきりと区別することなく慈善活動を展開するボランティア活動などは、博愛主義の象徴といえる。

17世紀のイギリスで生まれたボランティア活動は、その後西洋文化圏全体に広く普及し、定着していった。東洋文化圏でも災害支援時などに取り入れる動きが高まってはいるが、文化のベースが異なるために、依然として格差は大きい。

西洋文化圏の人たちには、安易に他者には迎合せず、集団で連れ立って行動することが少ないという特徴もある。厳格な個人主義が背景に存在するからである。それゆえに、自分の周りにいる人間と薄く広範囲につながっているのだろうか。例えば、大学図書館などのドア開閉の際に自分に続く人があれば、たとえ見知らぬ人であっても、ドアを押さえてその人に配慮する行動がイギリス人には徹底している。こうしたことから、われわれは、身近に生活場面において、博愛主義を実感することができる。

これに対して、日本、中国、韓国といった東アジア諸国は「儒教文化圏」と位置づけられる。儒教文化圏に暮らす人々は、親、兄弟、恩師、仲間など身近な人たちと密度の濃い相互扶助を施し合い、全面的人間関係を構築している。その反面、自分と関係の薄い人に対しては，冷たく振る舞うという特徴がある。ここに博愛主義との大きな違いが見いだせる。そして、自分をとりまく重要な他者（significant others, 親・教師・職場の上司など）との間に成立する全面的人間関係は、グアンシー（guanxi）と呼ばれ、儒教文化圏における独特な社会慣行が形成されている（Bian & Ang, 1997）。かつての日本的経営の象徴とされた職場の同僚との全面的人間関係などは、まさに代表的な儒教文化の産物であったといえる（Tokoro, 2005）。

しかし、１９９０年代以降、本格化したグローバル化の大波によって、東洋文化圏は西洋文化に席巻されている。とりわけ、ビジネス場面での西洋文化の席巻は、グローバル・スタンダードとされ、日本など東アジア諸国の企業社会に長らく根付いていた東洋文化的な慣習を次々に崩壊させていった。

まず、若者に対する過度の能力主義の導入は、産業社会全体が目先の利益をあげることへと目移りし、将来展望をもった人材育成教育を放棄してしまったといっても過言ではない。その結果が、フリーター、ニートの増大であり、格差社会を定着させ、今後将来に対して大きな不安を呼び起こしている。さらに、非正規社員の増加、労働時間の弾力化などは、職場の人間関係の希薄化をもたらし、その結果が1990年代後半から続く中高年男性の自殺者増加に結びついたと分析できる。かつては、職場の人間関係の中に愛の関係（共存の関係）が存在していたが、今や喪失しつつある。

また、人口減少社会に突入した日本は、国土全体のバランスを著しく欠き、都市部には人口がより集中し、その反面、地方では一段と過疎化が進むという事態に陥っている。そのため、老人の一人暮らし、いわゆる孤族化が社会問題化している。かつての日本地方社会であれば、地域住民間に共存の人間関係が成立し、それらは「共助」の関係と呼ばれていた。しかし、近年ではそうした関係も弱まり、愛の喪失に関わる問題となっている。

21世紀に入っても、依然として日本社会では、同じ組織に所属する仲間、あるいは親しい間柄の仲間に対してのみ、仲間意識、すなわち愛の関係（共存の関係）が芽生え、赤の他人に対して仲間意識が生まれることはあまりない。また逆の見方をすれば、日本人には仲間意識をもてるような特定の人を絶えず求めている性質があるといえる。そして、ひとたび仲間が形成されると全面的な人間関係を築き、集団行動をとるようになる。現在の日本社会では、各発達段階において、愛の喪失が顕在化しており、その補償的役割として、心理学の存在意義を見いだすことができるのである（所、

2016)。

② 働くこと

「働くこと」(Arbeiten)については、職業生活を送ることと考えることが一般的である。ただし、子どもが学校へ通って勉強すること、家庭の主婦が家事や育児をすることも、もちろん働くことに他ならない。すなわち、働くということは、職業を含む上位概念として、人間であれば誰でも行う基本的行動である。そして、これには、額に汗しながら何かに打ち込み、自分のもつ能力を発揮し、さらにそれを通して何かを学び、自分自身を高めていくといった性質が備わっている。働くことにより、社会との結びつきが得られ、生活の安定が確保されることも見逃せない。働くことには、人間の主体的部分が深く関わり、人が「自己実現」を図るうえで極めて重要な役割を果たすことになる。

働くこと(自己実現)と愛すること(共存・共生)は、人生において車の両輪となる。どちらも社会とのつながりの中で行われるという点に共通性がある。ただし、働くことを通して最終的に到達し達成される自己実現は、1人で達成されるということが極めて重要である。それによって人間は成長することができる。この点において、共存・共生を図り、2人以上の人間の存在が不可欠となる「愛すること」とは異なる。

働くことは、多くの場合、会社等の組織に所属しながら、対人行動、集団行動、さらには組織行動を通して行われるため、表面的にみれば、1人で達成できる範囲はほとんどないように思われる。しかし、働くことを通して最終的に到達する自己実現は、1人で達成されるのである。われわれは、この点に注目しなければならない。

そして、自己実現の課題は各発達段階に存在しており、人生の階段を一段一段昇りながら、一つずつクリアしていかなければならない。すなわち、乳児期から幼児期、学童期、青年期、成人期、中年期、そして老年期へと人生が展開していく中で、発達課題は姿や形を変えていく。われわれは、それに取り組んでいくことになる。

超高齢社会が到来している現代では、老年期の年数が延びていることが先進国で暮らす人々の共通現象となっている。そのため、老年期においても、達成すべき発達課題が存在する。それは主に二つある（谷口・所、２０１３／所、２０１４）。第2時計が進行していく中で達成される発達課題であり、今後の生涯発達心理学の重要な研究課題として取り扱われることになる。

一つ目は、高齢者の社会貢献である。個人の幸福追究のみならず、社会参加を通した社会貢献が重視される。それを通して、対人関係を築き、幸福感が高まっていく。

二つ目は、老いの受容である。多くの人が、老化と衰退で苦しむ老年期を回避し、活力のある中年期のまま終末期を迎えたいと願いがちである。しかし、必ず訪れる老年期から目をそらそうとする生き方は疑問視され、老年期を受け入れたうえで、新たな生き方を導き出す努力をしていく必要がある。それが、高齢者一人ひとりに与えられた自己実現の課題なのである。

## 1/3 老病死観の東西比較

経済発展を実現し、共に成熟した先進国の中で生きる現代日本人と欧米人ではあるが、老病死観に関して、かなりの認識の違いがみられる。その底流には、東西の宗教に基づく老病死観の違いが関わっている（所、２０１４）。その点から考察を始めたい。

### （１）西洋の老病死観

西洋の老病死観は、図１・３のような形に表すことができる。

人生を数直線的に捉え、生命の終結点となる「死」をある１点と定める。死の定点よりも左側が生ある期間であり、右側が死後の世界となる。人間の生命を神から与えられた生命と考え、すべての人間に必ず訪れる死は「自然（weather）」との闘いの結果、その敗北によってもたらされた現象であるとする。

　キリスト教やユダヤ教の原型となる西洋思想全体を総称してヘブライズムということがある。ヘブライズムの自然観は基本的に荒れたもの、すなわち、weather の原義は荒れた天気、もしくは嵐とされる。そして、神から与えられた生命を自然と闘いながら精一杯生きることにより、死の定点をできるだけ右側へ動かそうとしている姿が人生であると考える。これがヨーロッパ型の死生観である（ひろ、２００４）。

　自然と闘って勝てるはずがないことを承知で闘っているのが欧米人である。勝てなくとも一定のところまでは闘い、それ以上は無理をせず老いを受け入れるという点が重要である。ちなみに欧米女性は老いると派手な色の服を着るが、これはまさにアンチ・エイジングの象徴であり、精一杯老いと闘っている姿を表している。すなわち、本気で若返りを意図しているのではなく、老いを受け入れながら、その過程で老年期に行うべきことを積極的に見つけ出している点が評価される。なお、図１・３の老病死観は、イスラム文化圏を含めた西欧人

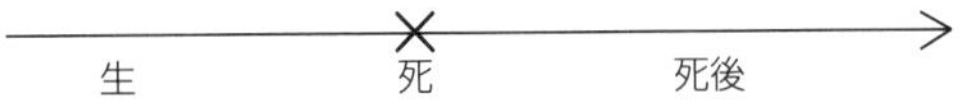


図1・3　西洋的な老病死観 (Anti Aging)

全般に適用するべきであると考えられる。

## （2） 現代日本人の老病死観

もともとの東洋的な老病死観は、図1・4のような形に表すことができる。人生をコップの中の氷と水として捉える。生まれた直後はすべて氷であるが、徐々に氷は溶けだし臨終のときにはすべての氷が解けて水になる。すなわち、生から死への移り変わりは、氷から水への変化と同じであり、突然変わるわけではなく、徐々に変化していく。若さや健康といった状態は、一過性の現象にすぎず、いずれは老病死に至るというのが仏教の本来の考え方である。すなわち、仏教思想では、もともと人間の中に老病死が存在し、それらが徐々に顕在化して死に至るという考え方がとられている。人間の中には老病死は存在せず、自然との闘いにおいて敗北した結果、死に至るという西洋思想とはまったく逆の関係にある（ひろ、２００４）。

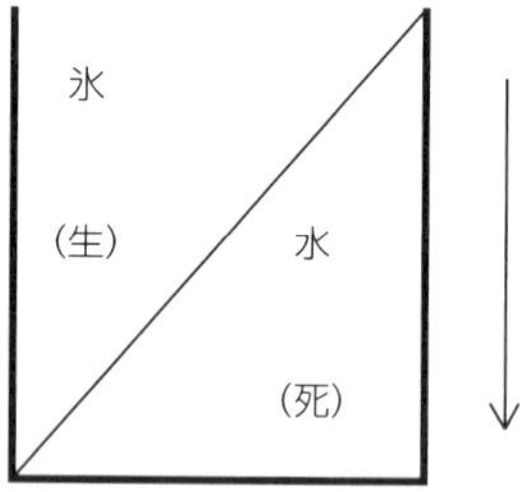

図1・4　東洋的な老病死観（With Aging）

東アジアに生まれ住んでいる日本人は、本来は仏教思想の影響を強く受けていた。しかし、近年は様相に変化がみられる。東西文化が混在する日本では、西欧的な死生観の影響も受けるようになり、超高齢社会が進行している昨今、アンチ・エイジングがにわかにもてはやされるようになった。西欧流のアンチ・エイジングの考え方そのものは傾聴に値するものではあるが、多くの日本人はアンチ・エイジングを誤解してしまっている。すなわち、老いを受け入れることなく、本気でエイジングを撃退しようとしている。病気に苦しむ老年期を回避したうえで、「ピンピンコロリ」の最期を望んでいるかに見受けられる。

人生の終盤には、多くの人が一般的には老化と衰退により若年期のような活動を営むことができなくなる。そのため、そうした老年期を回避し、活力のある中年期のままで終末期を迎えたいと願っている。これが「ピンピンコロリ」の最期であり、液晶電池型人生ということになる。

わが国において、運転免許を自ら手放そうとしない高齢者が非常に多いということは、自らの老いを受け入れることを拒み、液晶電池型人生を志向する日本人の象徴的姿であるという見方ができる。次項においては、わが国において、現在、大きな社会問題になっている高齢者の運転問題に関して、老病死観との関連で考えてみたい。

### （3） 加齢に伴う心身機能の個人差

老化現象と呼ばれる加齢に伴う心身機能の低下は、長年にわたる生活習慣などが深く関わるため、個人差が大きくなることが知られている。**表1・1**の6レベルに分類されており、一般的に自動車の運転が可能な心身機能レベルはレベル1～3とされる。しかし、高齢ドライバーの激増により、近年ではレベル4の大多数の人が運転免許を保有し、さらに免許更新を希望していると類推される。

そのため、交通警察行政では、先進国で唯一、70歳以上に対して免許更新時に一律に高齢者講習を導入し、さらに75歳以上には認知症の簡易検査を行うなど、高齢ドライバーに対して運転能力の低下を自覚してもらおうと努めている。世論を含めて、総じて高齢ドライバーをとりまく人たちは、「危ないから運転は止めてほしい」という意見が大勢を占めている。しかし、高齢ドライバーは、運転を止めてしまえば、移動手段を奪われることになり、病院へも買い物へも行けなくなるため、

表1・1　加齢に伴う心身機能の低下

| | |
|---|---|
| レベル1 | 身体的エリート（シニア五輪参加者） |
| レベル2 | 身体的適正（スポーツクラブ会員、強度の農作業が可能） |
| レベル3 | 身体的自立（ゴルフ、ウォーキング、活発な屋外生活を楽しむ） |
| レベル4 | 身体的虚弱（基本的生活の自立、屋内生活が主体） |
| レベル5 | 身体的依存（基本的生活の自立困難、要介護） |
| レベル6 | 身体的能力低下（寝たきり） |

強く反発している。この背景には、わが国地域社会の大部分が、公共交通機関の発達が不十分であり、マイカーに依存した移動を強いられていることが関係している。加えて、車の免許をもつことが高齢者にとって自立の象徴であることも心理学的に見逃せない要因となっている。

こうした問題をかかえながら、地域行政当局は、高齢者の運転断念後の生活面でのケアに関して、必ずしも十分な対応をとっていない。それゆえに打開策がたいへん難しくなっている。

運転断念を余儀なくされた人たちに対して、地域社会の中で医療、福祉、交通の関係者が連携することによって病院への通院や買い物への移動手段の確保などの生活支援が求められる。その一つに「デマンド交通システム」があり、わが国の地方都市に、これから公共交通機関を復活させることは極めて困難であるため、当面の現実的選択として各自治体において現在導入が進められている。

これは、利用者それぞれの希望時間帯、乗降場所などの要望（デマンド）に応える公共交通サービスであり、タクシーの便利さをバス並みの料金で提供するところに特徴がある。利用者はまず「情報センター」に電話で利用希望時間帯と目的地を告げ予約を行い、ワゴン車タイプの車が、乗り合う人を順に迎えに行き、すべての人を目的地まで送っていくという交通システムである。料金は通常２００～３００円程度とまさにバス並みである。巡回バスとの大きな違いは、予約した人の家をそれぞれ回るため、バスのように決まった路線もなく、停留所まで歩く必要もない。利用申し込みがない場合は運行もしない（所、２００９・２０１２）。

デマンド交通システムは、主に過疎・高齢化が進む地域において自治体の福祉事業（必要経費を自治体財政から拠出）として取り組まれるケースが多いが、民間事業と連携しながら工夫して運営している自治体もある。

一方、わが国同様にすでに高齢社会に突入し、そして、わが国よりも一足早く車社会を展開してきた欧州先進諸国では、この問題にどのように対処しているかについて、筆者は２００７年からイギリスを中心に交通関係者からインタビュー調査を続けている（他にベルギー、ドイツでも実施）。現時点での調査結果を略述すれば、欧州主要国では日本のようには大きな問題にはなっていないことが明らかになってきた（所、２０１１・２０１２・２０１７）。

欧州社会では、高齢者は自分自身が危険と感じたら自主的に運転免許を手放す人が多い。すでに述べたとおり老年期の心身機能水準は個人差が大きく、80歳を超えても運転継続が可能な場合もあれば、また60歳代でも運転断念を強いられる人もある。そのため、年齢による一律の免許制限や講習会実施などは基本的に受け入れられないといった市民感情が根底に存在している。

交通社会を制御しているルールは、市民全員が絶対に守らなくてはならず、また守らない人に対しては厳罰をもって処す態勢が、欧州社会では交通行政当局によってきちんと構築されている。これは、年齢を問わずすべての交通関係者に対して、一律に適用されていることを強調しなければならない。

例えばイギリスでは、市内のあちこちに監視カメラが設置され、駐車違反やスピード違反を厳格に監視している。罰金の納付が遅れれば、延滞金がどんどん加算されるなど、ルールを守らないドライバーに対しては、日本では考えられない厳しい姿勢で臨まれている。道路も運転スピードを抑制するさまざまな工夫が施されており、日本の道路に比べれば、ドライバーにとって、格段に運転しづらくなっている。そのため、高齢ドライバー自身が、交通社会に参加する最低ラインであるルールを守れそうもなくなったと感じたときには、静かに身を引くことになる。

さらに、欧州の地方都市の場合、一定の公共交通機関が整備されているため、運転を断念しても、高齢者にとって、その後の生活にあまり不便が生じない。この点は、日本の地方都市との大きな違いである。

欧州では20世紀後半に車社会が本格化しても、地方都市の道路から路面電車が駆逐されることはなかった。その理由は、公共交通機関とマイカーとの役割分担がきちんとルール化されたからである。一方の日本は、１９７０年代になると、経済性の原理だけで自動車が地方都市の道路へ侵入していったため、経済効率に勝る自動車のみが生き残り、路面電車や自転車が駆逐されてしまった。そのため、量販店、病院、公共施設は、広い駐車場を確保するために郊外への移転を余儀なくされた。これによって、地方都市の中心部は空洞化してしまった。そして、マイカーをもたなければ買い物にも病院へも行けなくなるため、日本の高齢者は、少々の健康上の問題が生じても運転免許を持つことに執着せざるを得ないという負のスパイラルに陥っている。

このように日本と欧州との文化差に基づく交通政策の違い、および都市政策の違いをみてとることができる。こうした要因が、高齢ドライバーに対して運転免許を手放すかどうかの意思決定場面で大きな影響を及ぼしていることは明らかである。すなわち、高齢ドライバー研究に関する文化心理学的視点が存在している（所、２０１５・２０１７）。

## 1-4 エイジング概念の進化

### (1) アンチ・エイジングからプロダクティブ・エイジングへ

従来エイジングの概念は、老化と衰退というネガティブなイメージとして捉えられることが多かった。しかし、近年では、生涯発達という視点からエイジングを知恵と熟達といったポジティブな視点から捉えようとするアプローチが増えてきた。そして、宗教や哲学との関わりも深まり、アンチ・エイジングやサクセスフル・エイジングといった概念も生み出された。

サクセスフル・エイジングは、「幸せな老い」と訳されることもあり、虚弱で依存的な高齢者像から、老年期の課題に自ら積極的に適応しながら、心理的に満足することに主眼がおかれる（Havighurst, 1953/Yaguchi, 2012）。確かにこのパラダイムは、超高齢社会を生きる人々に対して大きな活力と勇気を与えるものである。すでに1950年代から唱導されていた概念ではあるが、わが国社会に本格的に定着した時期は1990年代以降である。エイジングをポジティブな視点から捉えようとする点は評価できるが、これらの概念は、いずれも個人の幸福のみを追及し、他者との共存や高齢者の社会貢献といった概念が十分に含まれていない。そして、必ず訪れる死から目をそらそうとしている点は疑問視され、老年期の生き方としては独善的な印象を与える。

そうした点を克服した概念が「プロダクティブ・エイジング」である。これは、高齢になっても経験等の潜在的能力を生かして社会的労働に従事することにより、活動性や自立性が維持されることに注目した概念である（Butler & Gleason, 1985／谷口・所、2013）。個人の幸福の追究のみならず、社会参加を通した社会貢献を重視している点が特筆される。そして、決してネガティブな意味としてではなく、生涯発達としての「老いの受容」を重視しており、まさに東西の老病死観を一体化した新たな高齢者像が構築されつつある。

社会問題化している高齢ドライバーの運転免許問題については、プロダクティブ・エイジングとして捉え、エイジズム（年齢差別・偏見）を払拭したうえで、老いの受容の観点から捉えていくことが求められる。

## （2） 持続可能な社会への貢献

日本人をとりまく社会環境は激変している。われわれは変化への適応が求められる。適応マニュアルはなく、現時点ではモデルとなる先例もまだ少なく、超高齢社会を生き抜くことは容易ではない。ただし、人間が生涯を通じて追求すべきテーマは「持続可能な社会への貢献」である。そして、それを仕事と人と関わりながら実行していくことになる。試行錯誤ながらも、後世において優れたモデルとなり得る多くの先達が、今後続々と出現するとみられる。

われわれが生きる21世紀社会は、資源、人口、食糧、汚染などの観点から、身近な未来への不安がみえ始め、国境を越えて人類は危機感を抱き始めている。18世紀末に産業革命が起こってわずか200年間で、太古から続いた地球の自然環境は激変し、人類は今まさに歴史的転換点に立っているからである。

人生の目的を問われれば、自分や家族の幸福、あるいは組織や国家の繁栄をだけを考えればよい時代が長く続いた。しかし、今やそれが許されない。人類の共通基盤である地球そのものに不安がみえ始めたからである。21世紀を生きる人類には、〝Future Earth〟を真剣に考えることが必須課題となる。そして、それは必ずしも専門の研究者のみに委ねられるものではなく、地球環境に依存して暮らす人類すべてに求められる。すなわち、地球温暖化や大気・水汚染対策へ向けて、人類社会が連携し、日々の生活行動において、一人ひとりが小さな努力を積み重ねていく必要がある。これが持続可能な社会へ向けての第1の貢献となる。

第2は、自らが従事する仕事を通して、持続可能な社会構築へ向けて貢献していきたい。われわれは、人生の充実期に多くの時間を仕事に費やすため、皆が仕事を通して貢献活動を行えば、大きな効果が期待できる。かつては、所属する企業や組織の利益が上がれば、それだけで一定の社会貢献を行ったとされたが、今や地球規模での持続可能性（sustainability）が重視される。皆の地道な努力によって、次の時代が切り開かれるため、各組織の取り組み姿勢は重要である。自らの仕事を通して、社会貢献をしている、そして地球環境の保持と改善、さらには持続可能な社会構築につながっていると思えれば、大いにやりがいも湧くはずである。組織と社会、そして組織と人間との間には、こうした関係を期待したい。

第3は、家族を形成し、子育てを行うことを通しての社会貢献である。深刻な少子化が進む日本では、結婚、子育てといった家族形成は、次の時代を担う人材養成につながる大仕事であり、とりわけ重視されなければならない。この仕事の当事者である若いカップルに対して、職場や地域において、さまざまな支援を社会全体として行っていく必要がある。一方、子育て以外の方法で、社会貢献の方法を模索する若者が、都市部を中心に増えている。未婚化、晩婚化の動きであり、注目しなければならない。

生涯発達段階が第2時計に入っている人たちには、とりわけ社会貢献の重要性を認識し、次世代へつなぐ橋渡しの役割を担ってほしいと思う。

# 第2章

# 変貌する21世紀日本社会

少子高齢化が進行する日本では、2008年をピークに人口が減少し始めた。今後日本社会が、人口減少時代に入ることは確実な情勢である。本章では、激変が見込まれる21世紀日本社会を次の三つの側面から捉えた。

第1は、東京一極集中がもたらす危機に関して分析を行った。依然として続く大都市への人口集中は、日本社会のみが直面する問題となっている。

第2は、異文化共生社会の功罪について整理した。この点は、すでに欧州主要国が経験しており、日本社会が、21世紀に初めて経験する際の問題分析を行った。

第3は、人工知能（AI）の発達に伴う「未知の仕事」への挑戦に関して分析を行った。これについては、21世紀において、多くの国が関わっていくことになる。

**捉えておきたいキーワード**

□人口減少　□東京一極集中　□日本版CCRC構想　□異文化共生社会　□外国人労働者
□ナショナリズム　□人工知能（AI）

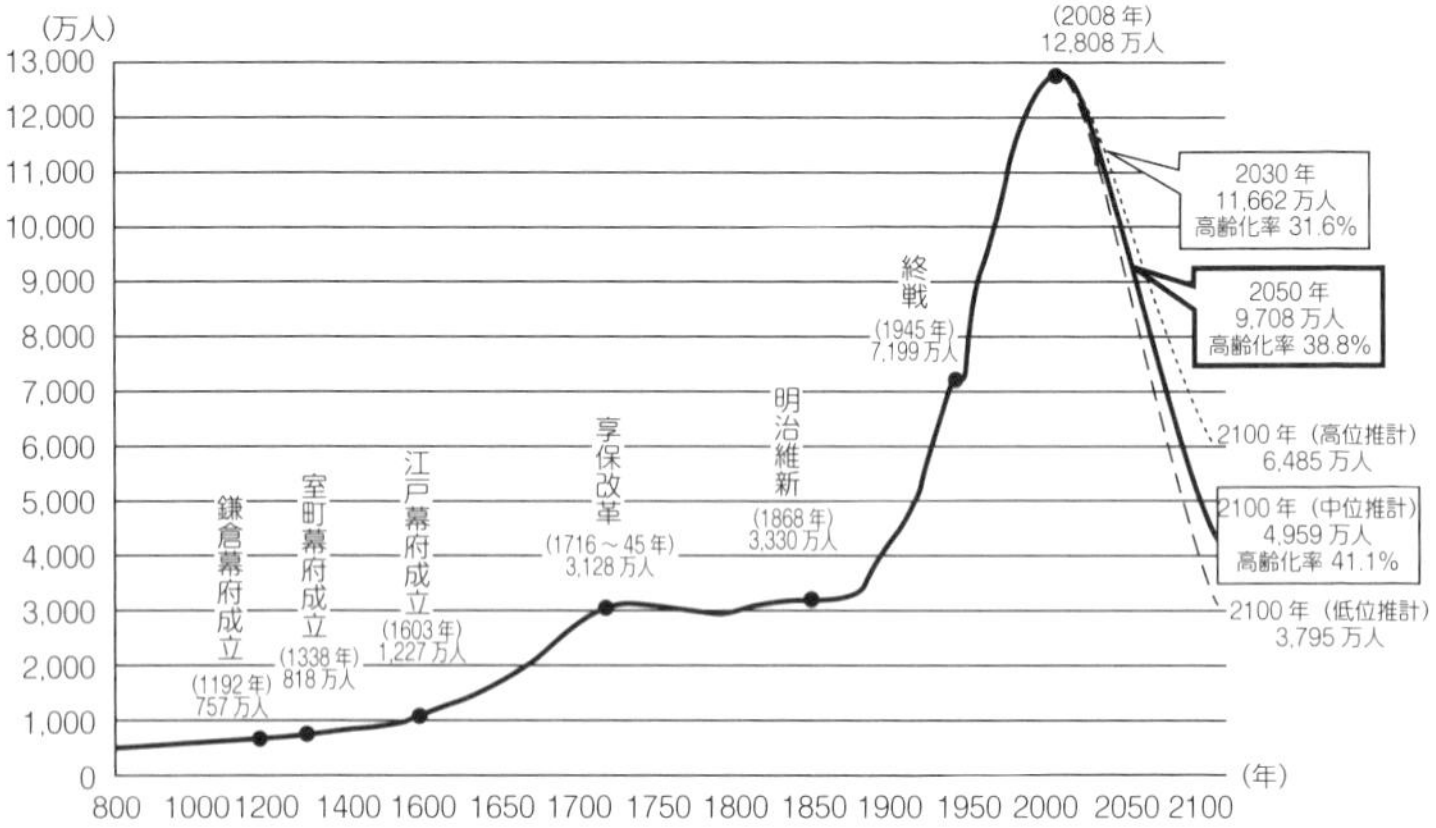


**図2・1　日本社会における総人口の推移**（増田，2014）

出所：総務省「国勢調査」，国土庁「日本列島における人口分布の長期時系列分析」，国立社会保障・人口問題研究所「日本の将来推計人口」

わが国は人口減少時代に入った。２０１６年には、出生者数が、１８９９年に統計をとり始めてから初めて１００万人を下回った。今後のわが国社会は、いよいよ新たなステージに入ることになる。

**図２・１**は、12世紀末の鎌倉幕府創設時から21世紀末までの約９００年にわたる、わが国の総人口推移を示している。19世紀後半の明治維新以降に、飛躍的な人口増加が始まり、20世紀中盤の第２次世界大戦以降に一段と拍車がかかって、人口が急増した。しかし、２００８年の１億２８０８万人をピークとして、今度は一気に減少モードに入り、21世紀末には４０００万人前後まで落ち込むと予測されている。すなわち、20世紀初頭（明治期末から大正期初め）の人口水準に戻ることになる。

21世紀も平均寿命はより伸びると見込まれるが、現時点で少子化が進み、年少人口が大幅減少しているため、21世紀後半には中年人口、老年人口の激減は避けられず、それゆえ、総人口は大幅減少する。21世紀人は、そうした時代を生き抜いていくことになる。

2-1

## 東京一極集中の危機

超高齢社会とは、主に地方社会において、少子化に伴い総人口が減少し、総人口に占める65歳以上人口割合（高齢化率）が上昇する現象と理解されていた。しかし、日本の少子高齢化問題は、新たなステージに入っている。大都市のみに人口が集中する「極点社会」になっているからである。これは、欧米先進国ではみられない現象である。

現在の日本では、高齢者の年金で成り立ってきた地方経済が縮小し、雇用の場を失った若年女性が首都圏に流入する現象が起こり始めている。地方社会においては、若年女性が減少し、自治体の存続が危ぶまれるところも出てきている。

一方、首都圏では、２０２０年東京オリンピックを機に、若者の集中に拍車がかかっている。地方から単身上京した若年女性が、首都圏の生活環境において、子どもを産み育てられないことは、容易に想像できる。まさに、21世紀日本社会は、負のスパイラルに陥っており、このまま突き進むことによる日本全体の危機が懸念され始めている。その一つのケースが取材された（ＮＨＫ総合、２０１５）。

徳島県の西の県境に人口約３万人、高齢化率38％の自治体がある。２０１０年以降、空き家が増え、次々と取り壊しが始まり、地域経済に影を落としている。年金振込に利用される地元金融機関への個人預金が５年間で12億円減少した。かつては常に満床であった介護施設も近年は空室が目立ってきている。39室のうち空室が９室にのぼり、大幅に稼働率が低下し、従来の年間利益１０００万円はまったく見込めないとのこと。さらに、高齢者が減少する中で、長年続いた店舗を閉店せざるを得ない事例が市内のあちこちでみられる。「ここは《限界集落》ではなくて、まさに《消滅集落》、《崩壊集落》である」と同市市長は話す。

危機感を強めた介護施設経営者は、同市とは正反対の現象に直面し、対応に苦慮している東京都へ、自ら出向いて交渉を開始した。東京都では、今もなお、高齢者が増え続けているため、事業継続が可能と考えたからである。

都側は、「待機高齢者が大勢いるので、ぜひ進出してほしい」と歓迎姿勢を示す。同市の他にも、地方の社会福祉法人が続々と都内進出を図り、2005年当時には、わずか3カ所であった地方の特別養護老人ホームが、現在は35施設まで拡大している。

介護施設の都内進出に伴い、仕事を求めて、地方から東京への若者移動が加速している。2014年の介護職有効求人倍率は、全国平均2・3倍に対して、東京都は4・1倍と最も高い。介護現場は、一昔前の地方社会での若年女性の有力な職場であった。しかし、地方で新たな仕事を創り出せない以上、今後は地方から東京へ大きくシフトすることになる。

地方社会での高齢者減少が、若年女性の大都市移動をもたらし、その媒介役を介護の仕事が果たしている。そして、地方社会をギリギリのところへ追い詰めている。これが近年の市場メカニズムであり、これが進むと次に何が起こるのか。

2040年に若年女性人口が現在の半分以下になると予測される自治体数は、全体のおよそ5割にのぼる。「今この問題に手当てを行わなければ、間違いなく多くの地域が消滅の道筋に入る」と元総務相は警鐘を鳴らす（増田、2014・2015）。

介護、医療といった社会保障分野の労働力需要が、まさにブラックホールに吸い寄せられるように、地方から東京へ大きくシフトしている。労働力需要の多くが若年女性であるところに、問題の深刻さがある。1人の女性が、生涯産む子どもの数の指標となる合計特殊出生率に関して、東京都1・24（2016年）は、全国平均1・44よりも大幅に低い。都内の介護施設で働く地方出身の若い女性の生活実態について、報道内容をもとに整理したい（NHK総合、2015）。

・地元で働くという選択肢もあったが、介護需要の高い首都圏で安定した仕事をしたいと考え、東京を選んだ。

・結婚への思いはあるが、多忙な仕事の中で異性との出会いがほとんどない。

・結婚したとしても、東京で子育てをすることに大きな不安がある。東京の家賃は全国平均より2万円以上高く8万円近い、家族向けの広い住環境を求めると重い負担となる。子どもを預けられる保育所も慢性的に不足し、待機児童は1万人超、他県に比べて群を抜いて多い。若い人が東京での子育てに不安があることは当然であり、それが未婚化や少子化に拍車をかけている。

・東京は女性の未婚率が42％と全国で最も高い。特に新宿区の女性の未婚率は54％と都内で最も高く、事態は深刻化している。

そこで、新宿区では、2013年から行政としては異例の未婚女性に対する聞き取り調査を始めた。地方からの若年層流入によって、20～30歳代女性人口が増え始めている。行政関係者は、この世代が結婚せず、子どもを産まないまま高齢化することをたいへん懸念している。結婚しない理由として、「適当な相手にめぐり会わない」「今は仕事に打ち込みたい」「収入面に不安がある」などが浮かび上がっている。新宿区だけの問題ではなく、東京都全体の問題であると新宿区長は語る。

低出生率問題は、先進国に共通するが、人口の大都市流入は日本固有の現象とされる。一挙に地方から５００以上の自治体が消滅する一方で、首都東京には、未婚の若年男女が集中するといった「東京一極集中」が起こっている。「国民の住む場所は、国民の選択の問題であり、自由が保障されて当然である。国や自治体が強制できるものではない。しかし、日本が持続可能な社会であり続けるためには、東京一極集中社会に歯止めをかけなければならない。そのために、われわれは今何ができるかを真剣に考えなければならない」と、前出の元総務相は語る。そして、以下の４点を提案している（増田、２０１４・２０１５）。

①老人介護に若年女性が付随する関係を断ち切るために、介護ロボット活用などの取り組みが急務

②都心では、今後４人に１人が独り住まいになると予測される。訪問介護を円滑に進めるため、高齢者の集住化、医療福祉拠点としての大規模団地の再生などが急務

③外国人介護人材の受け入れも進めるべき

④地方移住という選択肢を用意すべき

とりわけ、④が注目される。２０１４年8月に行われた内閣府調査によれば、東京在住の50歳代男性の51%、同・女性34%が地方移住に関心を示す。男性に比べて女性のほうが、地方移住に消極的であるのは、すでに都内で緊密な人的ネットワークを確立しているためとみられる。また、移住先の情報が十分に得られていないため、特に「医療介護に対する不安」が強く示されている。今後の課題である（増田、２０１４・２０１５）。

一方、受入先の地方自治体においても、都市部の高齢者受け入れによる医療介護費の負担増加を

懸念する向きがある。今後、国と地方で医療介護費の負担をどのように調整していくか課題になる。

これを受けて、政府内では、アメリカ国内に２０００カ所以上ある事例を参考に、「日本版ＣＣＲＣ構想」が検討され始めた。ＣＣＲＣとは、Continuing Care Retirement Community の略称である。すなわち、仕事をリタイアした人が、健康状態が良い段階で地方移住して活動的な生活を営む。そして、医療と介護が必要な状況になれば、引き続きその地でケアを受けて、住み続けるという意味である。

発祥のアメリカでは２０００カ所の施設に約75万人が暮らしている。従来の介護施設と日本版ＣＣＲＣの違いは、要介護状態になる以前、すなわち、健康状態が良い段階で地方移住するため、健康寿命を伸ばすためのさまざまな施策がとられる点である。具体的には、地方社会での仕事に従事したり、社会活動に参加したり、生涯学習を進めたりする「能動的な存在」になることが強調されている。高齢者間ばかりでなく、多世代の交流がもたれることも重要な点である（ＮＨＫ総合、２０１６）。

東京一極集中の意味を改めて問い直してみる必要がある。若者たちは社会貢献に結びつく仕事をしていけば、自らが結婚して子どもを儲けなくともよいのだろうか。都会での生活は、「家族もちは子どもを２人もつ４人家族生活、一方の独身者はペットと同居という生活」になっているといわれる。まさに、両極端のライフスタイルである。こうした現象は、必ずしも自らが選択した人生航路ではなく、格差社会がもたらした結果という見方もできる。これをそのまま黙認してしまってよいのだろうか。

２０３０年代以降、首都圏１都３県での高齢者施設への入居は、一段と難しくなるとされる。それでも、地方から東京への人の流れは止まらず、地方のお墓から、都市部に遺骨を移す人が後を絶たない（ＮＨＫ総合、２０１５）。現代を生きるわれわれに、「生き方・働き方」について、まさに根源的問題が突きつけられている。

## 2 異文化共生社会の誕生

わが国の人口高齢化の進行速度は、世界でも類を見ない速い速度となっている。人口高齢化の指標として、65歳以上人口比率が使われ、総人口に対する比率７％以上で高齢化社会、14％以上で高齢社会、21％以上で超高齢社会と呼ばれる。

わが国が７％に到達した年次は１９７０年であり、欧米先進国と比べると最も遅いが、その後の進行速度が極めて速い（表2・1）。理由は、平均寿命の伸びと並行しながら、出生率が急激に落ち込み、その後の回復もみられないため、総人口に占める65歳以上人口比率が短期間で高まったからである。

２０２５年には65歳以上人口比率が30％の大台を超え、２０４０年には36％に達し、総人口も１億人を割り込む可能性が高い。そして、２０５０年には総人口９０００万人、65歳以上人口比率は40％という想像を絶する超高齢社会になる可能性が指摘されている。

現在の日本は、首都圏に３０００万人、近畿圏に１０００万人（二大都市圏併せて４０００万人）の人口が集中している。今世紀半ばまでに、４０００万人近くの人口が減少するということは、日本から二大都市圏規模の人口がなくなることを意味する。加えて、高齢者比率が大きく上昇するた

表2・1　人口高齢化の国際比較

| | 65歳人口比率到達年次 | | | 2016年の高齢化率 | 7→14%所要年数 | 14→21%所要年数 |
|---|---|---|---|---|---|---|
| | 7% | 14% | 21% | | | |
| 日　本 | 1970 | 1994 | 2007 | **27.3** | **24** | **13** |
| アメリカ | 1942 | 2015 | (2050) | **15.2** | 73 | (35) |
| イギリス | 1929 | 1975 | (2029) | **18.0** | 46 | (54) |
| フランス | 1864 | 1979 | (2023) | **19.5** | 115 | (44) |
| ドイツ | 1932 | 1972 | 2015 | **21.4** | 40 | 43 |
| スウェーデン | 1887 | 1972 | (2020) | **20.2** | 85 | (48) |

め、活力をなくした国に変わり果ててしまうことがたいへん懸念される。

経済の活力を維持する手段として、「アジア近隣諸国から若い外国人労働者を受け入れる必要がある。2050年まで毎年10万人ずつ移民を受け入れるべき」との大胆な提案も出されている。しかし、日本政府は、「外国人労働者導入の前に、高齢者や女性の戦力化を図り、各職場でさまざまな工夫を行うべき」という見解を示唆している。さらに、新技術を駆使して、生産性を高めることへの期待もにじませている。

筆者は、政府見解に疑問をもつ者の1人である。わが国の近未来において、若年労働力が大幅に枯渇することは明らかであり、その穴埋めのすべてを、高齢者と女性、そして新技術で対応することは、極めて困難とみられるからである。そのため、外国人労働者の受け入れは、確実に21世紀日本産業社会の新潮流になると考えている。アジア諸国に近い沖縄県では、20~24歳の失業率が14％（全国平均9％）に達し、早くも有能な外国人（中国人・インド人など）に職を奪われ始めている。「沖縄は20年後の日本の縮図」であるという見方も出てきている。概要を紹介したい（『日本経済新聞』2013年5月5日付）。

沖縄県では、観光案内所や免税店において、日本語が堪能な中国人が働いている。日本人が入り込む余地がないようにすらみえる。「沖縄は将来の日本の縮図である」と那覇市の人材会社社長は指摘する。台頭する発展途上国の若者たちは、好条件の職を貪欲に求めて、日本にやって来ている。「そうした中国人やインド人は、数か月で日本語の新聞が読めるようになる。彼らの能力は高く、言葉の壁はない」と前出の社長は力説する。

日本で職を求めて生活していこうとする外国人の若者にとって、自動車の運転免許は欠かせない。そのため、警察庁は自動車教習所テキスト、および運転免許の学科試験に関して、日本語以外に中国語、英語、スペイン語、ポルトガル語、ハングル語などの採用を各県警本部に通達している。特に中国語テキストの印刷部数が増加している。今後ますますこの傾向が強まるとみられる。この件は、筆者が自動車教習所テキスト出版社から聞き得た情報である。

また、筆者がイギリス在外研究中に地元大学院学生から聞いた話を思い出した。筆者のほうから、「英語が世界共通語である現在、英語を母国語とするイギリス人は、世界中どこへ行っても言葉に不自由しないので羨ましい」と切り出すと、彼は、「確かにそういう面はあるが、欧州内では逆にイギリス人学生の就職が厳しくなっている。理由は、フランスやドイツの学生は、母国語と英語が両方堪能な場合が多く、そういう学生と英語しかできないイギリス人学生とを比べれば、前者のほうが明らかに優遇される。イギリス内の企業でも事情は同じだ」と応じた。

現在の沖縄県と欧州社会は、異文化融合社会という点で状況が似ている。グローバル化が進む中で、単独文化に染まっている人材よりも異文化融合の人材のほうが、結果的に優遇される。外国で職を求めようとする人材は職業能力が高く、競争場面では、ドメスティックな人材は明らかに不利になる。そこで沖縄県では、今後若者が海外でも仕事を見つけられるようにと、シンガポールや中国などのアジア諸国に、29歳以下の若者を短期的に派遣する事業を開始した。

日本企業のグローバルな展開は急速に進んでいる。しかし、多くの企業が、「グローバル化を推進する人材確保が課題」と悩んでいる。世界を見わたすと、新興国労働者が、先進国労働者から雇用を奪う局面が増えている。日本国内の若者が、発展途上国の若者と雇用を奪い合う構図は、今後ますます強まるとみられる。

日本人海外留学者数は、2010年には5万8000人まで下がり、2004年のピーク時から3割減となっている。若者の内向き志向が定着してしまったからである。超高齢社会が進む日本では、生産年齢人口が減少し、今後労働力不足が一段と進むことは確実である。沖縄県の状況が日本全土に及ぶ日が遠からず到来する。21世紀中盤を生きる日本人は、日本国内で自らの職を得るために、危機意識をもつ必要がある。

変化の兆しも少しずつ出てきている。一例をあげれば、日本を離れ、米国の大学へ進む若者が出てきている。「複雑な問題の解決力を身につけるには、専門が縦割りの国内大学よりも多角的な視点で学ぶ米国の大学が魅力的」とのこと。フェイスブックの浸透で海外校の情報も入手しやすくなり、若者の意識は静かに変わりつつある。

2030年代にはグローバル企業の人材争奪戦が激化し、優秀な人材を獲得しないと生き残れない。すでに2020年代にはインド、中東、北アフリカ、東欧などからの採用が活発化し、日本の本社は従業員トレーニングのための場になるという予測が出ている

「学生なら『日本以外で働きます』と言わないと職がない時代が遠からず到来する。30歳代であれば海外赴任を積極的に申し出たほうがよい。40歳を過ぎて勤務先企業が外国人社長となった場合、海外勤務ができない社員は真っ先にリストラされる」という経営コンサルタントの未来予測は真実

味がある。

21世紀中盤へ向けての日本社会の変化について、ポジティブな見方をすれば、次のようになる。キーワードとして、超高齢社会、人口減少、グローバリズム、外国人労働者（移民）受入れ、そして、異文化共生社会の誕生などがあげられる。

これに関わる筆者家族の「イギリスでの体験事例」を紹介したい。

■チョコレート・ブラウニーの話

イギリス・シェフィールド市のスーパーマッケットで買い物中の80歳前後とみられるネイティブ・ブリティッシュの老婆は、その場に居合わせた見知らぬ日本人女性に対して、「自分は老眼で目が不自由なので、この注書きを読んで教えてほしい。この商品は、チョコレート・ブラウニー（イギリス人がティータイムに食べる軽食菓子）で間違いないか？　成分にナッツはどのくらい入っているか？（おそらく、ナッツ・アレルギーがあるため聞いてきたとみられる）」と尋ねてきた。まさに、これが異文化共生社会の一こまである。日常生活場面において、知らない人同士が笑顔で挨拶を交わし合いながら、小さなことで助け合う姿である。イギリス市民社会では、こうしたやり取りが、すでに違和感なく行われている。

日本でも最近外国人が増えてきたが、日本人年配女性が、スーパーでの買い物中にわからないことがあったとき、その場で買い物をしていた外国人女性に尋ねるだろうか。九分九厘尋ねることはないと思われる。理由は、現時点での日本社会の成熟度が、異文化共生社会には程遠いからである。しかし、21世紀中盤になれば、日本社会においても、こうした光景があちこちでみられるかもしれない。それを期待したい。

次に、21世紀中盤へ向けての日本社会の変化について、ネガティブな見方をすれば、以下のようになる。キーワードとして、グローバリズム、格差社会、ナショナリズム・愛国心、右傾政党の出現、社会不安、移民排斥、暴動などがあげられる。残念ながら、すでに欧州の歴史の一場面で、こうした展開がみてとれる。以下に紹介したい。

イギリス・シェフィールド市は登録市民の約10％が外国人である。主な登録外国人は、インド・パキスタン系、中東系、アフリカ系、中国系など。イギリス全体5％、日本1・6％と比べれば、格段に高い割合であり、シェフィールドは、21世紀中盤の未来を写し出した市民社会とみることができる。

シェフィールド市民社会には、ポジティブな異文化共生的な側面がある半面、社会生活のさまざまな場面において、厳然たる階級社会が存在する。タクシー運転手は、ほぼインド・パキスタン系出身者によって固められている。居住地エリアも、母国に関わる人たちで集住する傾向がある。そして、感情的なもつれから、駐車中の自動車のフロントガラスが、ハンマーでたたき割られたりすることが時々起こる。少なくとも現在の日本では、こうしたことはほとんど起こらない。

今後日本社会でも外国人が増え続ければ、こうしたことが起こらないとも限らない。日本は先進国でありながら、現時点では、欧米主要国と比べて、外国人居住者は極めて少ないため、日本人は独自の生活習慣を継続させている。企業の海外進出によって異文化共生への理解は徐々にできつつあるが、まだ一部にとどまっている。一般市民レベルに深く浸透しているとは言い難い。依然として民族主義が強く、移民排斥が起こりやすい土壌が潜在的にあるように思える。外国人と共存していく社会を築いていくために、21世紀を生きる人たちには、努力が求められる。これ乗り越えることによって、初めて日本の新しい未来が拓けるように思える。

## 2/3 未知の仕事への挑戦

日本の将棋界の頂点に立つ名人が、ＡＩ（Artificial Intelligence：人工知能）に敗北するといったニュースが２０１７年春に盛んに報道された。自動運転車の導入も現実味を帯びてきており、21世紀序盤におけるＡＩ発達には驚くべきものがある。ＡＩがいよいよ人類を飛び越えるのではないかという期待が出てきた反面、ＡＩに職を奪われてしまうのではないかという不安もよぎり始めている。

ＡＩ発達による雇用不安については、センセーショナルな報道が相次ぐ。文部科学省レポートの中にも、「今の子供たちの65％は、大学卒業時に、今は存在していない職業に就く（ニューヨーク市立大学大学院センター・デビッドソン〈Davidson,C.N.〉教授）、今後 10～20年で雇用者の約47％の仕事が自動化される（オックスフォード大学・オズボーン〈Osborne,M.A.〉准教授）」といった文言が明記されている（文部科学省、２０１７）。とりわけ、『テクノロジーが雇用の75％を奪う』（フォード／秋山訳、２０１５）には、高い関心が集まっている。定型的労働に従事する人たちばかりでなく、ＡＩはホワイトカラーからも仕事を奪うと警告している点がたいへん注目されている。

21世紀社会では、ＡＩが人々の生活と密接に関わってくるため、子ども教育の重要性が認識され始めている。さまざまな取り組みが、国内外において実施されているので紹介したい。

文部科学省（２０１７）では、社会変化に受け身で対処するのではなく、自ら課題を発見し、他者と協働してその解決を図る教育の必要性を前面に打ち出している。具体的な学習方法として、「アクティブ・ラーニング」の視点を授業に取り入れ、改善を図るよう求めている。アクティブ・ラーニングとは、教員が一方的に講義形式の授業を行うのではなく、授業時間内に受講生を小グループに分けて討論を実施し、その後に発表を行うなど、受講生に能動的姿勢で授業に取り組ませるところに特色がある。

アメリカでは、スポーツを上手に活用して、子どもたちに科学技術やIT（情報技術）に対する関心を高めさせる試みが、近年活発に展開されている。これまでも、スポーツ選手やチームが社会奉仕活動を行うことは珍しくはなかったが、本格的に教育場面への導入が行われ始めた。これは、「STEM教育」と呼ばれる。STEMとは、科学（Science）、テクノロジー（Technology）、エンジニアリング（Engineering）、数学（Mathematics）の頭文字を取ったものである。

IT産業が拡大しているにもかかわらず、こうした職種への適格者が、アメリカでも不足気味である。そのため、初等教育段階からSTEM教育を体系的に実施する動きが広がってきた。そこで、子どもに人気のあるスポーツを入口として、科学実験ショーや物理実験などを行い、子どもに親しみがもてる形でSTEMにふれてもらい、まずは関心を高めてもらおうとしている（渡辺、2017）。

AI時代に必要な能力を育むとされるSTEM教育については、日本でも注目され始めている。科学、技術、工学、数学の4科目を統合した学びから、問題解決に役立てることが期待されている。STEM教育は「思考が変われば、行動が変わる。行動が変われば、習慣が変わる。習慣が変われば、人生が変わる」の理念と密接に結びついている（成毛、2017）。

21世紀中盤以降は、AIやロボットを使う側の仕事と使われる側の仕事に大別される。そのため、すでにある仕組みやルールに関することを仕事にする人は、今後大幅に減る可能性がある。AIやロボットで代替可能となるからである。ＡＩやロボットを使う側の仕事に関しては、今後新たに創り出さなければならない部分が大きい。

仕事を創り出すことに関して、駒崎（２０１３）がたいへん意義ある見解を述べているので紹介したい。21世紀中盤を生きる職業人として、「学び続ける力」「コラボレーション・リテラシー（共同作業をする能力）」「問題を見つけて試行錯誤する力」の三つの能力が求められるとしている。筆者の見解も付け加えて解説していきたい。

一つ目の「学び続ける力」とは、社会環境の変化に応じて、就職後も学び続けることを意味する。それによって、一つのスキルが陳腐化しても、次につながる。例えば、経理業務であれば、非営利組織の経理業務をさらに学ぶことにより、専門性のある経理業務へと発展する。それを修得することにより、次の課題がまたみえてくる。その積み重ねによって、専門性が研ぎ澄まされていく。そして、新たなチャンスも訪れる。「これをやりたい」という明確な目的があれば、人は学び続けることができる。目的をもたず、単に「一からプログラミングを学ぼう」であれば、学ぶ意欲は続かないが、目的があれば、達成感が伴うので続けられる。達成感が「学び続ける力」の原動力となる。

二つ目の「コラボレーション・リテラシー」（共同作業をする能力）については、異なる専門性の組み合わせが不可欠となる。意見の違う人たちと対等に一緒に仕事をし、成果を出していく能力が求められる。今後は、価値観、バックグラウンド、国籍などが違う人たちと期間限定で一緒に働くことが日常的になってくる。異種配合（ハイブリッド）な仲間と共同作業をする能力を磨いていくことが重要になる。

研究の分野では、コラボレーション・リテラシーは、すでに重視されている。新たなテーマが続々と湧き上がり、既存の学問体系では対応できず、個々の要素を分析するだけでなく、《関係性》に着目した学際的・複眼的なアプローチが求められているからである。「異知の融合」を図り、新たなコンセプトやアプローチを社会に提供・還元していくことが不可欠になっている。タコつぼ型の研究者ではなく、隣接領域の研究者と連携を図り、現実の問題解決を図っていく研究者が求められている。ちなみに、「異知の融合」は、筆者が勤務する立正大学が研究ビジョンとして掲げる理念である。

三つ目の「問題を見つけて試行錯誤する力」とは、仕事でやることは、問題を見いだし、それを解決することであり、この形は、20年後も100年後も変わらない。このプロセスは、仮説を立てて、プロトタイプ（原型）をつくり、試行錯誤を繰りかえすという極めて単純なことである。しかし、このプロセスが重要なのである。

駒崎（2013）は、最後にこう述べる。「現在の日本は、問題特盛の課題先進国であるが、だからこそ面白い。若者たちで解決策を創ろうではないか、そして、日本の後を追う諸外国に、気前良く解決策を教えてあげようではないか。20年後、今はない仕事を創って日本に、そして世界に貢献しようではないか。そういう時代に生まれたことを心躍ることだと考えよう」。

不確定要素が多数存在する21世紀を生きていく若者に対して、駒崎は、ポジティブ・シンキング的視点からエールを送っている。若者たちはおおいに勇気づけられると思う。

21世紀を生きる人たちは、長い期間働かなければならない。人生前半の勝利者が、後半も勝利者になるとは限らない。60歳以降の生き方が問われる時代である。60歳以降の人生では収入や成果だけではなく、活動そのものが幸福に結びつく。職場を離れ、地域社会の中で生きがいのある生活ができるかどうかが大切な課題となる。そうした長期的な視点で、人生を考えていかなければならない。そのうえで、若者たちには、21世紀後半の日本を、そして世界を担っていってほしい。

# 第3章

# 「若者たち」への人生設計支援

1990年代後半から、わが国大学を卒業した若者は、初職を3年以内に3割以上が離職する状況が続く。とりわけ私立大学・文科系学部出身者にその傾向が強い。

短期間で大学数が増加し、入試が易化したことから、多くの大学がにわかにキャリア教育に取り組み始めている。メンターの役割も高まる。就活の前に、学生たちには、自らの特性と時代変化の分析を的確に行い、人生観を確立してもらう必要がある。

米国の最先端大学では、大規模公開オンライン授業（MOOC）が導入され始めている。わが国のトップランク大学も早晩追随することになるだろう。

21世紀中盤以降を生きる若者の人生設計支援を本人サイド、大学サイド、そして社会サイドから考えていきたい。

**捉えておきたいキーワード**

□キャリアアンカー　□メンター　□キャリア教育　□Think globally　□大規模公開オンライン授業

3/1

# 3年で会社を辞めてしまう若者たち

大学を卒業して就職した若者のうち、3人に1人が3年以内に初職を辞めてしまうという現象が1990年代半ばより続いている。『若者はなぜ3年で会社を辞めてしまうのか』（城、2006）が反響を呼び、若者の早期退職問題は、大きな社会的関心を集めている。中学卒の7割、高校卒で5割が初職を3年以内で辞めてしまうことから、「7・5・3現象」という用語も生まれている。

新規学卒者の離職状況調査を時系列的にみても、大学を卒業して就職した若者のうち、3年以内に離職した者の割合は、2010年代後半に入っても依然として30%を超えている。この傾向は、景気動向に関わりなく続いている。

業種別でみると、「宿泊業・飲食サービス業」が50%を超えて最も高く、2人に1人以上が3年以内に離職している。さらに、離職率の高い業種を列挙すると、「生活関連サービス業・娯楽業（旅行・理美容・パチンコなど）」「教育・学習支援業（私立学校・学習塾など）」「小売業」「医療・福祉」「不動産業・物品賃貸業（リース・レンタカーなど）」と続く。

一方、「電気・ガス・熱供給・水道業」「鉱業・採石業・砂利採取業」「製造業」は、相対的にみて、離職率が低い水準にとどまっている。

サービス産業系の離職率は高いが、製造業、建設業をはじめとした第2次産業系の離職率は、平均離職率を大きく下回っている。

産業構造の変化に伴い、若者雇用の受け皿が、製造業などの第2次産業から、サービス業などの第3次産業へシフトしたことは、かなり以前から指摘されていた。大学進学率が上昇し、とりわけ都市部では、私立大学・文科系学部への進学者が増大している。そのため、サービス業系の第3次産業が、現在では都市部・大学卒者の雇用の大きな受け皿となっている。したがって、大学卒者のなかでも、私大・文系学部卒者の3年以内離職率がとりわけ高いということが、容易に類推できるのである。

一方、第2次産業系業種の場合、サービス業に比べて離職率が大幅に低いことが注目される。「電気・ガス・熱供給・水道業」は、わずか数%にとどまる。こうした業界で就労する若者たちの多くは、学生時代には理工系学部で学んでいる。彼らが就職後に従事する仕事内容は、文科系学部の卒業生と比べて、学生時代に学んだ専門分野との関連性が相対的に強く、それゆえに職場への定着率が高まっていると示唆される。

理工系学部では、専門分野によっては、大半の学部学生が大学院修士課程へ進学し、より専門性を深めたあとに就職することもある。すなわち、「理工系＝技術系≒専門職≒大学院修士課程修了後に就職」という一連の図式が成り立つ。そして、専門分野の学習に忠実に取り組めば、そのまま就職に結びつくことも多い。ちなみに、電子工学、機械工学、建築工学では、専攻単位で就職する業界が異なる。こうした点は、文科系の学部・学科ではほとんどあり得ない。

文科系学部では、「文科系＝事務系≒一般職≒学部卒で就職」という図式が一般的である。文科系学部の場合、大学で学んだ専門内容がそのまま就職に結びつくことは珍しく、就職の際には、職業人としての基礎力と就職後の努力が問われることになる。そして、多くの文科系大卒者の場合、営業職や事務職に従事することになる。各学部で学んだ専門知識が業務に間接的には関わるが、入社時に出身学部や専攻分野が必須条件になることは稀である。

文科系学部の学生は、時代の動きをみる眼、自分の持ち味を分析する眼、さらにそれらを磨くために「生涯学び続ける姿勢」が重要になる。大学では、学問の内容よりも、むしろ学ぶ方法を学ぶことが求められる。それによって卒業後も独力で学び続ける能力が備わってくる。こうした理念を、現在模索されているキャリア教育の理念のなかにぜひとも据えるべきである。そして、キャリア教育は、とりわけ文科系学部の学生に対して、重点的に行われる必要があると筆者は考える。

若者の早期離職には、次の二つのタイプがある。

まず、「他にやりたいことが見つかった」「起業したい」などの積極的な退職である。この場合には、退職後の就職先、あるいは行動目標が決定していることが多く、むしろ歓迎すべきである。目的意識がしっかりしている若者の場合、少々の逆風であっても乗り越えていく前向きな力が備わっているからである。しかし、残念ながら、このタイプに属する若者は、現状では非常に少ないと言わざるを得ない。

現代の若者の大半は、「仕事がおもしろくない」「労働時間が長い」「給与や福利厚生がよくない」「会社の雰囲気が合わない」といった理由で早期退職に至っている。入社前の期待と入社後の実態との食い違いから生じた、いわゆる不適応による退職である。この場合には、次の就職先を決めて退職する人は少なく、その後のことは退職後に考える人がほとんどである。そして、現在の豊かな日本社会では、彼らの家庭環境や社会環境が必然的にそうした行動を容認してしまっている。彼らのほとんどが、次の仕事の当てもなく初職を離職し、その行き着く先がフリーター・ニートであることは想像に難くない。それゆえに、こうした若者に対する緊急性の高いキャリア教育が求められている。

キャリア教育は、すでに理論研究、実践活動の両面において動き始めている。中学校や普通高校といった学校教育現場でも「仕事をもつ意味」について総合学習のなかで取り上げられるケースが増えている。大学においても、求人案内だけでない、総合的なキャリア支援への取り組みが行われ始めている。

理論研究としては、２００４年に日本キャリアデザイン学会が発足し、キャリアデザイン学部を立ち上げる大学も出てきており、わが国における本格的なキャリア教育研究が開始された。しかし、具体的な内容は各大学によってまちまちであり、キャリア教育の評価軸も定まっておらず、現時点でのキャリア教育は未だ理念のみにとどまっていると言わざるを得ない。

ピンチにみえる局面でチャンスを見いだすような人材を企業は求めている。「正社員になれば一生安泰」という時代はすでに終わっている。１９８０年代までは、多くの企業が長期雇用を前提としていたため、若手社員に対する面倒見がよかった。１９９０年代には変革の動きが出てきたとはいえ、まだ過渡期であった。しかし、２０００年代に入ってから、日本企業は若手社員に対して長期雇用を前提とした人材育成を行わなくなった。次節では、こうした「雇用環境の激変」について分析を進めたい。

## 3／2 雇用環境の激変

日本の大学卒者に対する雇用環境は、１９９０年代後半からドラスティックに変化した。大学を出ても就職できない若者が続出し、単なる不景気などでは説明できない構造的な雇用環境の激変が

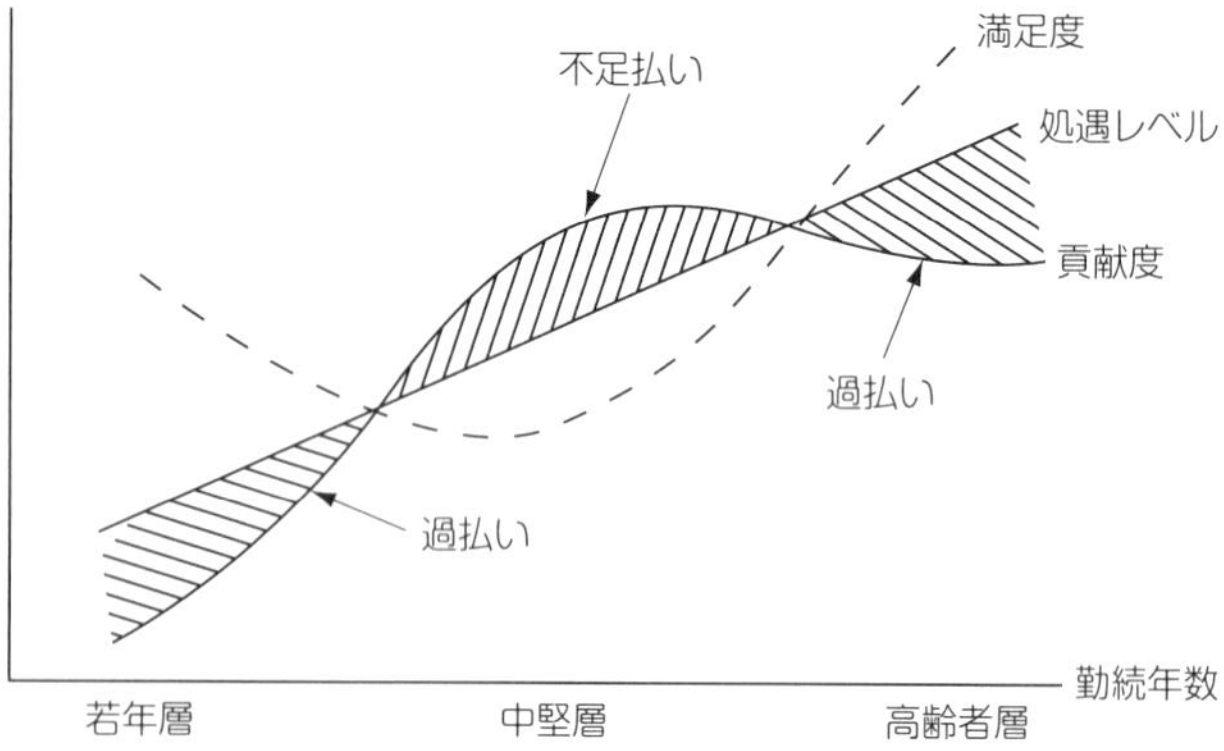


**図3・1　先払い・後払いモデル**（若林,1987）

起こり始めた。

１９８０年代までの日本社会においては、大学を卒業した男子学生が就職先を見つけられないということはほとんどなかった。当時、大学進学率が現在と比べて低水準ではあったとはいえ、男子に関しては、すでに35％を超えており、大学の大衆化は十分に進んでいた。

当時の日本社会には、「若者の育成は労働現場の責務である」という認識が、暗黙の了解として存在していた。そして、多くの大卒男子に対して、終身雇用制度が適用されていた。終身雇用制度の下で働く従業員が、勤続年数の増加と共に処遇・貢献度・満足度がどのように変化するかを示した理論モデルが、以下に示す「先払い・後払いモデル」である（**図3・1**）。このモデルが、１９９０年代に入ると徐々に機能不全に陥り、２０００年代に入ると大半の職場で崩壊してしまった。モデル内容と共に変化の概況について、以下に述べることにしたい（若林、１９８７／所、１９８９・２００２）。

このモデルによると、終身雇用を前提とした年功序列的な処遇体系の下では、従業員の給与や労働条件は、必ずしもその時の従業員の能力や生産性とは一致せず、長きに渡る勤続年数全体において調整が行われ、前払いされたり、後払いされたりした。すなわち、入社後間もない若年世代と定年退職が迫る中高年世代では過払いとなるが、中堅世代においては不足払いとなった。

当時、入社後数年間は、従業員の会社への貢献度が低くとも、比較的高額の報酬供与が行われていた。会社側は正規従業員に対して、給与支払いに加えて、健康保険などの社会保険負担も義務づけられた（この点は現在も同じ）。独身寮など福利厚生施設を手厚く整備する会社も少なくなかった。したがって、会社側は、入社後間もない若手社員に対しては、明らかに過払いの状態にあった。

入社後数年間は十分な戦力にならない若手社員に対して、それを覚悟で会社側が教育投資を行った背景には、当時は終身雇用を前提として、新入社員の採用を行っていたことがあげられる。そして、入社後数年間、会社側は若手社員に対して、手取り足取り、社内独自のキャリア教育を根気強く施していった。当初は過払い状態であっても、近い将来、大きな戦力になることを期待した先行投資であった。

若手社員が30歳前後となり、経験を積み、技能的・知識的にも一人前になると、会社側の当初の目論みどおり、彼らの貢献度合いは飛躍的に増大する。十分な体力を持ち合わせた彼らは、無理も利き、一つの営業所を背負って立つような人材も出てくる。しかし、年功序列的な処遇体系の下では、多額の昇給や早期昇進は稀であり、彼らに対する処遇は、緩やかな右上がり直線として抑えられる。そのため、中堅の多くの従業員の場合、処遇よりも貢献のほうが上回り、不足払い状態となる。不足払い状態は、30~40歳代前半あたりまでの、いわゆる働き盛りの間、続くことになる。

しかし、40歳代後半に入ると、変化の兆しが徐々にみえてくる。この年齢段階になると、トップマネジメントに近づき、会社そのものを背負って立つ人材も現れる。そうした人材は、高い報酬に見合う貢献をし続けるが、そのタイプはごく少数である。多くの従業員は、せいぜい中間管理職として組織の一端を担う程度にとどまり、自分の貢献以上の処遇を受けることになる。すなわち、年功制の恩恵を最大限に享受し、定年退職が迫る中高年世代では、再び過払い状態となる。そして、定年退職時には、日本独自のシステムである退職金が支給されるため、中高年期には大幅な過払い状態となる。

したがって、30歳代から40歳代前半のいわゆる中堅世代における不足払いを、入社後数年間の若年世代、および定年退職が迫る中高年世代での過払いによって、ほぼ相殺することになる。すなわち、40年近い、長きに渡る勤続年数全体において、調整が行われるのである。終身雇用制度下の処遇と貢献度との関係は、このように説明できる。

また、従業員の「満足度」についてみると、処遇、貢献度と見事に連動しているため、たいへん興味深い。過払いの世代は満足度が高く、不足払いの世代は満足度が低くなっている。すなわち、年齢段階もしくは勤続年数を横軸にとり、満足度を縦軸にとるとU字型カーブが描かれる。筆者が実施した数々の調査研究においても、これが実証されていることを付記したい（所、１９８９・２００２）。

１９８０年代までは、このモデルで男性従業員は人生がコントロールされていた。すなわち、会社に身を委ねることにより人生が形づくられたといえる。この時代の大学卒者が、必ずしも職業への明確な問題意識をもっていたわけではなかった。多くの若手社員が、会社側の用意したレールの上を忠実に歩いていったといっても過言ではない。会社側が独立変数であり、従業員側は従属変数であったといってもよい。

そして、同じ学歴であれば、職業能力に多少格差があっても、ほぼ一律に年齢と共に一定の生活が保障された。落ちこぼれが生じにくい社会構造ができあがり、先進国のなかで、若年者の失業率が際立って低い時代が長く続いた。そのため、適齢期に同年代の人の90％が、結婚して子育てを行うライフサイクルが展開されたのである。これはまさに画期的な出来事であると評価できる。経済の安定成長が、このシステムをつくり出したといえる。

しかし、決まった枠のなかに人間を押し込んでしまい、価値観の一元化が進んでしまったことは否めない。有能であっても特殊な分野を除けば、高待遇が得られない横並びの悪平等主義は、年功序列の弊害であり、日本的経営の最大の問題点とされた。

1990年代以降、隣国・中国の目覚ましい台頭による国際競争力の激化によって、わが国社会をとりまく経済社会環境はドラスティックに変化した。それに伴い、わが国企業は、大幅な人件費削減を迫られた。

最初にターゲットにされた世代は、いうまでもなく大幅な過払い状態にある中高年世代であった。先払い・後払いモデルによれば、中高年世代への過払いは、彼らが中堅世代のときの不足払いを、のちに会社側から返済してもらうための過払いであり、一応理にかなっていた。しかし、1990年代後半には、容赦なく中高年世代は切り捨てられた。

再構築を意味するリストラクチャーの略語であるリストラは、この当時から使われ始めた。人件費を削減する手段として、リストラは、事実上、中高年齢者の整理解雇を意味する言葉として定着していった。らつ腕外国人をトップとして招き、大胆なリストラ策を敢行し、見事に蘇った日産自動車は、多くの日本国民の知るところとなった。

そして、2000年代に入ると、次なる過払い世代として、若年世代にも目が向けられていった。

日本企業は、かつてのような、若者に対する将来を見据えた教育投資を行う余裕を完全に失ってしまった。大企業であっても、採用に関して、即戦力重視へと方向転換し、正社員削減、アルバイト社員拡大と次々と新機軸を打ち出していった。大学新卒の場合、能力の高い学生しか採用しないという人事方針は、今やほぼ定着したといえる。それに伴い、落ちこぼれてしまった学生たちは、フリーター、ワーキングプアとしての生活を余儀なくされた。

1980年代まで、わが国産業社会に浸透していたモデルの崩壊は、職業能力の高い人とそうでない人との生活格差を広げていくことになった。現代は、有能な人にとっては、確かに素晴らしい時代であるといえるだろう。自らの才能ひとつで、数千万円を超える年収を稼げる20歳代の若者が、各分野に出現している。この事実が、時代変革の何よりもの証拠である。しかし、一方では、30歳を過ぎても、時給数百円のアルバイトの仕事から抜け出せない人がいることを忘れてはならない。少なくとも1980年代までの日本社会においては、ここまでの格差はなかった。こうした格差社会の拡大を問題視する声も少なくない。

# 3 キャリアデザイン構築

## (1) キャリアアンカーの未成熟さ

筆者は、東京都内の中堅私立大学の3~4年生を対象として、大学で学ぶことの意識調査を行い、学部間の比較検討を行った。分析対象とした学部は、理工学部（略称：理工系）、文学部教育学科（略称：教育系）、政経学部（略称：社会科学系）の3学部とし、各学部学生60名に対して、キャンパス内で個人面接法により質問紙調査を行った。いずれの質問項目においても、社会科学系学生の意識は、他2学部学生と比べて著しく低い結果となった。以下に主要な結果を紹介したい（所、2006・2011）。

大学進学決断の時期については、理工系、教育系の学生の過半数が高校進学前であるのに対して、社会科学系学生の75％が高校進学後となっている（**図3・2**）。そして、進学する学部を決めた時期が高校3年とする学生は、社会科学系で実に77％に達している（理工系47％，教育系25％）（**図3・3**）。

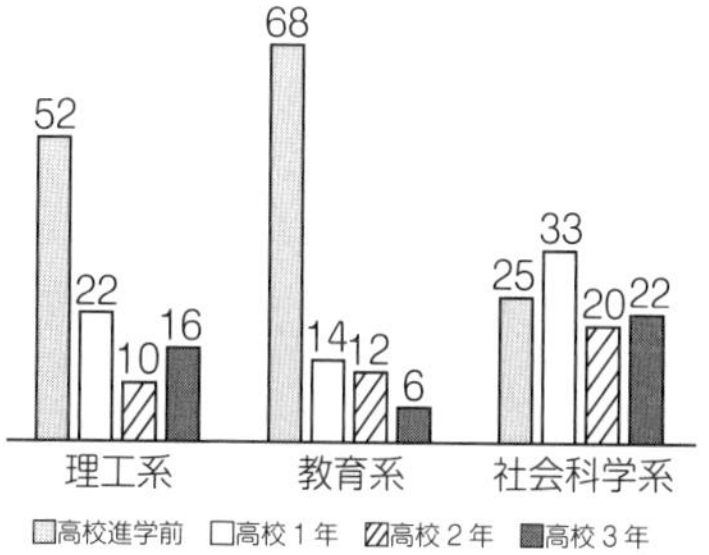


図３・２　**大学進学の決定時期**　（数値は％）

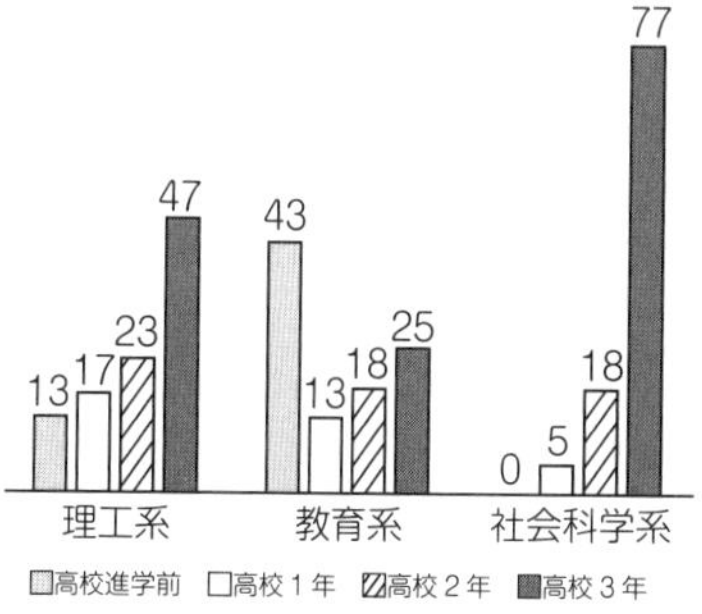


図３・３　**進学学部の決定時期**　（数値は％）

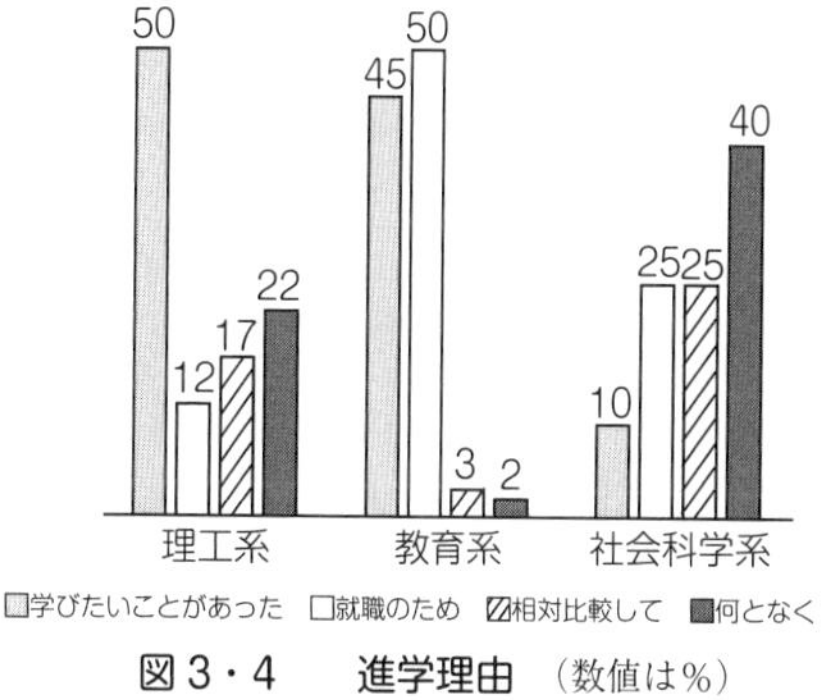


図３・４　**進学理由**　（数値は％）

現在学んでいる学部への進学理由をみると、社会科学系の学生は、「何となく」が40％と際だって高い。理工系や教育系の学生のほぼ半数は「学びたいことがあった」と回答しており、何となくと回答する学生は少ない（理工系22％、教育系2％）。社会科学系学生の問題意識の低さがうかがえる（図3・4）。

次に、現在受講している授業について、勉強が「大変である」（「多少大変」と「とても大変」の合計）とする学生は、理工系で60％、教育系は82％と高い割合を示している。これに対して、社会科学系学生の場合、わずかに16％であり、逆に「とても楽」と「多少楽」の合計が84％に達している

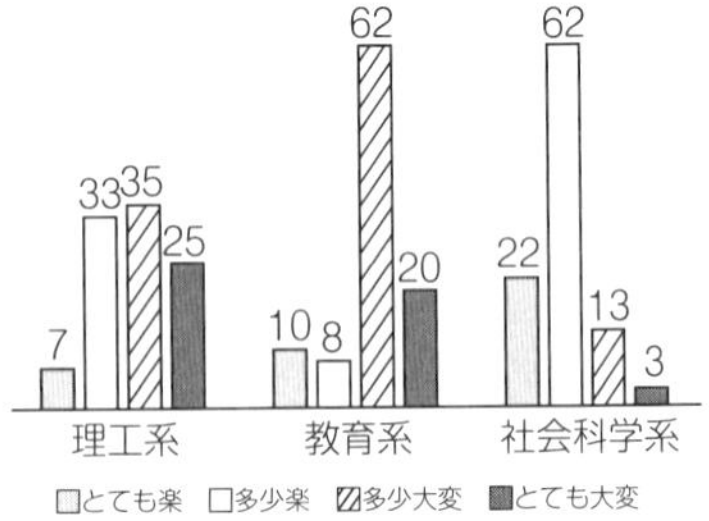


図3・5　現在受講している授業全体への評価（数値は％）

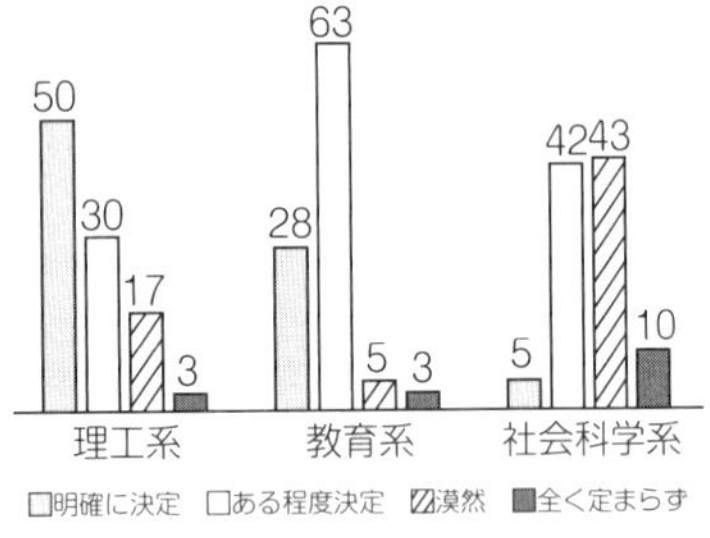


図3・6　大学卒業後の進路（数値は％）

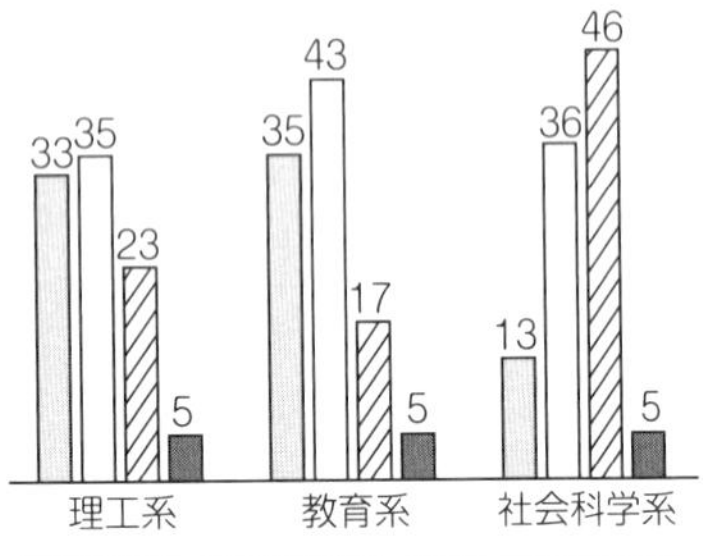


図3・7　人生に夢や目標があるか（数値は％）

（図3・5）。大学での勉強に対する問題意識が低いため、授業に対する取り組みも理工系や教育系の学生と好対照を成している。ただし、これについては、学生ばかりの問題ではなく、マスプロ教育が主体となっている私立大学・社会科学系学部の教育体制のあり方も併せて指摘しておかなければならない。

大学卒業後の進路については、社会科学系学生の場合、「漠然としている」と「全く定まらず」を併せて53％に達している。一方、理工系、教育系学生の回答は、それぞれ20％、8％にとどまっており、大きな差がみられる（図3・6）。

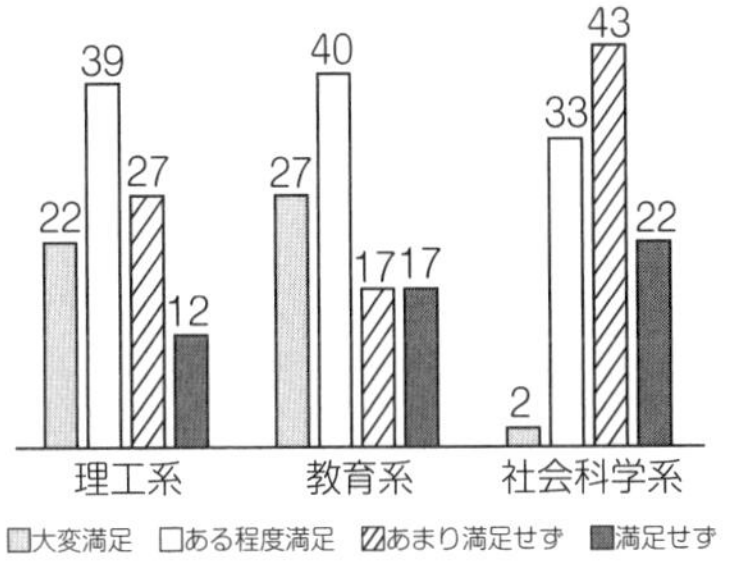

**図3・8　学生生活に満足しているか**（数値は％）

将来展望が開かれなければ、当然ながら人生に対する夢や目標も定まらない。社会科学系の場合、夢や目標が「漠然としている」と「全く定まらず」を併せて51％と過半数を超えているが、教育系は22％、理工系も28％と少なめである。この2学部学生の場合、ある程度夢や目標が具体的になっていることがわかる（図3・7）。

人生に対して夢や目標がなければ、日々の生活への潤いや喜びもなくなるため、社会科学系学生の学生生活への満足率（35％）が、理工系（61％）や教育系（67％）の学生に比べて著しく低くなるのは必然的な結果といえるだろう（図3・8）。

社会科学系学部学生のこうした結果について、筆者は次のように考える。

彼らの大半は、民間企業への就職を希望している。その業種、規模は多岐にわたり、公務員や教員志望の学生も一定数存在する。社会科学系学部で学べば、就職に関して広範囲の選択肢が用意されていることは確かであり、在学中に十分に時間をかけて自分の進むべき道を定めることが許されている。しかし、選択肢が数多くありすぎ、結局彼らは自分がやりたい仕事、自分に合う仕事を明確に絞り込めないまま、大学生活の後半を迎えている。これは、社会科学系学部で学ぶ学生のほぼ共通した特徴であり、とりわけ首都圏を中心とする都市部の私立大学で多くみられる傾向である。

こうした学生は、心理学的には、キャリアアンカーが未成熟な状態にあると説明できる。アンカーとは船の錨《いかり》を意味し、これが定まらなければ船は漂流してしまう。したがって、キャリアアンカーが未成熟な状態とは、自分の能力、価値観、興味、関心に基づく自分にふさわしいと実感できる職業上の自己イメージが十分に形成されていないことを意味する。こうした学生に対するキャリア教育が、現在求められているわけである。

これに対して、理工系や教育系の学生は、社会科学系の学生に比べてキャリアアンカーがある程度確立している。

理工系の場合には、在学時の専攻分野によって卒業後の仕事内容が異なる（例えば、機械工学、電子工学、建築工学では就職先が異なる）ことが多いことは、すでに述べたとおりである。そのため、入学時点で自分のやりたいことを明確にしなければならない。それが専門性の所以でもある。

教育系学生についても同様である。彼らは、教職課程を履修して、教員免許を取得し、大学卒業後には、できれば、小学校、中学校、あるいは高等学校の教員になることをめざして、大学に入学している。彼らの大学入学の目的は明確であり、問題意識が絞り込まれている。彼らはキャリアアンカーが定まっているため、目標を設定して勉学に励み、そして、それが将来の自分へつながっているとの確信がもてるのである。

ただし、少子社会の中での教員として就職することはたいへん厳しく、教員免許を取得しても、小・中・高等学校の教員として職につける保証はない。そのため、就活では、別の進路も当然検討しておく必要があることを、十分に頭に入れておかなければならない。

人生を生きていくうえで、北極星のように常に一定の場所を占めて、われわれに一定の位置や方角を示してくれるものが必要である。足もとの大地をしっかり踏みしめて歩くためには、遠くの星を見つめながら歩かねばならない。自分はこんな風にこれからの人生を生きたいといった「夢」がなければ現実の荒波に振り回されてしまい、とんでもないところへ流されてしまいかねない。すなわち、「夢」とは心の羅針盤のようなものである。

就活を始める前に、こうした心の羅針盤を定める必要がある。社会科学系学部で学ぶ学生には、それが特に必要なように思える。闇雲に企業訪問を繰り返してもよい結果は生まれない。仕事を通して自分が実現したいことは何なのか、社会に対してどのような貢献をしていきたいのか、ぜひとも考えてほしいものである。単に会社の歯車になるだけの存在だとしたら何と哀しいことだろう。

### （2） Think globally と Act locally

キャリア概念には、生き方、人生そのものの意味が含まれる。すなわち、キャリアデザインといった場合、仕事を中核に据えた人生設計が意味される。

人生前半の三大イベントとして、大学進学、就職、結婚があげられる。近年の状況と１９９０年代以前とを比較すると、大きな変化がみられる。

最初のイベントとなった大学進学に対して、1990年代以前には厳しい努力が求められた。狭き門であるため、難易度が高く、浪人を強いられる人も少なくなかった。しかし、近年は大学数が激増し、入学試験は大幅に易化している。親世代の経済力向上も伴い、大学・短大進学率は全国平均で50％台後半に達し、東京都では実に70％を超えている。

そのため、最高学府とされる大学の地位が大きく揺らぎ始め、若者の第2のイベントである就職を突破することが容易でなくなってきている。受入れ先となる企業サイドが、大学卒者をそのまま優秀な人材として認めず、厳しい選抜を行うようになったからである。かつては、大学卒者が就職できないことは稀であったが、近年では就職できない学生が続出している。好況期である2010年代後半の大学卒者の就職率は70％台半ばにとどまり、正規職員としての就職率に限ってみれば、70％程度となっている。そして、すでに述べたとおり、初職を3年以内に離職する若者が30％以上いることを考え合わせれば、大学卒者の半数程度が25歳前後で極めて不安定な人生を過ごしていることになる。

そうなると、第3のイベントである結婚にも当然ながら影響が出てくる。1990年代以前の大学卒者の90％は、適齢期に結婚し、標準家庭（夫婦と子ども2人）を形成していた。しかし、今後将来においては、こうした標準家庭を形成する人は40％程度とみられている。第2の人生イベントでつまずいている以上、先に進めず、晩婚化・未婚化に至ることは必然的現象といえる。

この現実を受けて、多くの大人たちは、「早く就職を決めろ、結婚して安定した家庭をつくれ」と安易にいう傾向がある。大人たちは、確かに若者のことを心配して助言しているが、両者はかみ合っていない。大人たちが心配して介入すると、かえって若者のキャリア形成の邪魔になる場合もある。若者がどんな生き方をしたいのか、とことん話し合う必要がある。その際、キャリアデザイン構築として、次のＳｔｅｐ１とＳｔｅｐ２の２段階が重要になる。

**Ｓｔｅｐ１** Think globally

**Ｓｔｅｐ２** Act locally

第1段階のThink globallyとは、今後の人生をどう生きていきたいのかといった自分のポリシーを確立することである。換言すれば、広く長い視点で人生を考え、人生観・世界観を確立することである。現代の若者の多くは、これが十分に確立されていない。原点に立ち返り、21世紀を生きる自分の人生全体を見通してみることが大切である。しかし、「今後60年以上にわたる自らの人生を展望し、その指針を定めよ」といわれても、「余りにもテーマが大きすぎて扱いきれない」と多くの若者は迷う。そこで筆者は、具体的テーマとして、以下の課題を若者たちに提示し、キャリアデザイン構築のヒントを示唆している。

〈課題内容〉

自らの夢と人生設計について、以下の点を主な柱とし、今後の自分の人生が、現実と理想のバランスのなかでどのように展開するかを見通しながら考えよ。

①小学校1年生のころ、将来あなたは何になりたいと考えていたか。

②今のあなたにとって、得意なこと、興味のあることは何か。

③どのような職業に就きたいか。

④そのためにはどのような努力が必要であると考えるか。

⑤大学卒業後の生活拠点を主にどこに定めようとしているか。例えば「東京都内」「出身地」「その他」のなかではどれに当てはまるか。

⑥結婚と家族形成についてどのように考えているか。

⑦仮に親の老後において介護が必要な事態となったとき、自分はどの程度関わると思うか。例えば「自分が当事者となり介護する」「自分以外の家族が当事者になる」「親自身が自分で考える」のなかではどれに当てはまるか。

各項目に対する検討を通して、自ずと人生航路の羅針盤が定まってくる。それが、すなわち、Think globally に他ならない。

これを受けて、第2段階である Act locally に入ることになる。これは、現実の生活圏の中で自分ができることは何かを見極めることであり、具体的な就職先を考えることは、その大きな柱の一つになる。Think globally がしっかり確立していれば、こちらはスムーズにいくはずである。就活時期における景気動向などによって、就職先に多少の変動はあっても、大筋進むべき方向にズレはないはずである。自らの能力、興味、そして家庭環境などを十分に考慮すれば、自ずと職業選択の方向が導き出されてくる。

就活の際には、自らの考え、信頼できる人からの助言をもとに、職業選択の方向を定めておくことが基本条件となる。それが Think globally を確立することであり、キャリアアンカーを定めることを意味する。これには、仕事内容ばかりでなく、今後の人生における生き方が含まれる。それを受けて、定めた方向のなかに存在する仕事（就職先）を選び、その仕事を通して自らを磨いていくことになる。

その際、定めた方向のなかに存在する仕事（就職先）には、一定の幅があることを、あらかじめ承知しておく必要がある。なぜならば、就職後に期待と現実との違いに苦しむ若者が多く、それが原因となり、早期退職に至っているからである。

適職がわからない。就労支援カウンセリング現場で、若者たちから最も多く寄せられる質問である。適職にこだわりすぎて、なかなか仕事が決まらない人もいる。こういう人たちへのアドバイスは「適職は探すものではなく〈創るもの〉、自分の仕事が適職になるように努力しよう」であると、企業の人事部門を長年経験し、現在は産業カウンセラーとして活躍する小林源氏は話す。

「仮に自分にとって最適の業界、会社を探し当てても、変貌著しいわが国の各業界、そして、すべての業界で常時リストラが行われている現況を考えれば、その会社に長く居続けられる保証はどこにもない。若者のもう一つの大きな人生課題に結婚がある。結婚相手は、職場など身近なところで見つけることが多いのではないか。それでも結構一生仲良くやっていくカップルが多い。就活も同じように考えれば良い。そのため、嫌で会社を辞めたい人は、転職しても同様に不満をもつことになるため、他社でもなかなか受け入れてくれない。転職したいならば、今の会社で自分を磨くことが大事だ。そうすれば必ずチャンスは訪れる。求められる人材になる努力を今の職場ですべきだ。実力がつけば、今の職場でも厚遇されるので、気持ちも変わってくる」（小林、２０１５）。

人生前半の三大イベントの二つである就職と結婚に関して、Think globally を確立して、自らが定めた方向のなかで、選択した（Act locally）就職先や結婚相手であれば、多少の不一致があっても、決別よりも協調する方向で人生航路を歩んでいくべきであるという小林氏の助言は、誠に傾聴に値する。この対処法で、職業人として、そして社会人として、人生におけるさまざまな出来事に臨んでいくことにより、安定した人生航路を確実に歩んでいくことができるように思える。
ただし、選んだ職業、および結婚相手が自分と根本的にかみ合わない場合にはどうすればよいか。ブラック企業へ就職してしまった場合でも、そのなかで適職を見いだすための努力をしていくべきなのか。答えはもちろんノーである。

会社側に従業員を育てる気持ちがまったくない場合には、信頼できる人物に相談し、熟考し、適切な決断を下すことが重要である。信頼できる人物とは、心理学ではメンター（mentor）と呼ばれる。一般的には、仕事や人生の手本となり、助言・指導してくれる人と理解されている。よき指導者、助言者、恩師と訳されることが多い。人生の転機において、よきメンターがいるかいないかによって、その後の人生が大きく変わる。男子大学生の場合には、父親が人生最初のメンターであることが多い。

人生途上で、信頼できるメンターを見つけて相談していくことが大切である。よきメンターを見つけられない人のために、産業現場では、キャリアカウンセラー、産業カウンセラーといった専門家が配置されている。苦しいときには、一人で悩まず、メンターに相談することを勧めたい。

## 3/4 大学生き残りのためのキャリア教育

### （1） 少子化と大学改革

わが国には、２０１７年時点でおよそ８００校の4年制大学が存在するが、18歳人口は２０１８年から減少し始め、首都圏でも２０２２年あたりから本格的な減少期に入る。２０３０年代には最悪の場合、わが国の大学数は現在の約半数になるとの予測もあり、各大学は生き残りをかけて、真剣に改革に取り組み始めている。

現状認識として、次の2点があげられる。

①専門教育内容と就職先との関連性の薄い文科系私立大学の場合、低偏差値の大学から徐々に淘汰され始めている。

②大学・短大進学率はすでに50％台後半に達し、東京都に関しては70％を超えている。したがって、これ以上の進学希望者の掘り起こしは難しく、限界域に近づいている。

国公私立大学数は、1990年には507校であったが、2000年に649校、2010年には778校と増加し続けた。団塊ジュニア世代が18歳を迎えた1992年に18歳人口はピークとなり、205万人に達した。しかし、当時の大学進学率はまだ26・4％にすぎず、大学入学者数は54万人にとどまった。その後、18歳人口が大幅に減少し続けることは、人口統計から明確に予測できたため、大学関係者は危機感をもって大学改革に取り組んでいった。

その後の展開として、高額な学費支払いの関係から、大学進学率はせいぜい30％程度が上限だろうという見方が、当初は有力であったが、その予想をはるかに上回るレベルで急上昇した。高水準の大学進学率を達成した背景には、短期大学からの4年制大学への転換とともに、女子学生の大学進学率が大きく高まったことが関係している。

2014年の18歳人口は118万人であり、1992年（205万人）と比べて87万人も減少した。しかし、大学入学者数は7万人増加した（∵54万人→61万人）。大学進学率が26・4％から51・5％に倍増したからである。

また、この間、一部の大学による志願者数の寡占化も進んだ。日本私立大学振興・共済事業団が行った私立大学・短期大学等入学者動向調査（２０１５年）によると、志願者総数の45％をわずか23校の大規模大学で占めており、残り55％をその他の小中規模大学で奪い合う構図となっている（寺島、２０１５）。

大規模大学は、都市部にある伝統校であることが多く、今後へ向けた改革も着々と進む。これに対して、小中規模大学は、地方に立地し、必ずしも十分な改革は行われていない。そのため、今後は、都市部の大規模大学、並びに改革が進んだ地方の一部の大学のみが生き残り、改革の遅れた小中規模大学は、厳しい状況に追い込まれると予測される。

今後大学進学率が50％で推移すると仮定して、近未来の18歳人口の減少状況から、大学の将来は以下のように予測される（寺島、２０１５）。

２０１５年に１２０万人あった18歳人口は、２０２５年には１０９万人になると予測されている。よって、大学進学者数は、２０２５年までに５・５万人減（∵18歳人口が11万人減）となり、２０１５年時点で全国に存在する入学定員４００人以下の大学２８７校の大半の入学定員分が消滅するという机上計算となる。

さらに、２０３１年には18歳人口は99万人になると予測されている。大学進学者数は２０１５年から10・５万人減（∵18歳人口が21万人減）となり、２０１５年時点で全国に存在する入学定員６００人未満の大学３７８校の大半の入学定員分が消滅することになる。本項冒頭に、「２０３０年代には最悪の場合、わが国の大学数は現在の約半数になるとの予測もある」と述べたが、その根拠は前記のとおりである。

地方の小中規模大学のみが影響を受けるわけではなく、都会の大規模大学にも影響が及ぶことはいうまでもない。しかし、小中規模大学に大きな影響が及ぶことは確実といえる。

こうした状況分析を受けて、現在さまざまな取り組みが模索されているわけである。

## (2) 二極化の流れ

数が膨れ上がっているわが国大学は、今後18歳人口の減少に伴い、2030年代へ向けて、大学数の減少は避けられない。それと並行して、残存した大学の二極化が進み、それぞれの大学群が、社会に対して重要な役割を担っていくことになる。

二極化とは、最先端の研究と一流のビジネスマン養成を担う大学群と、教養教育と人生設計に関わる教育を担う大学群である。前者に関わる知見を下記①において、後者に関わる知見を②で説明したい。

### ① 世界の新潮流MOOCと連携するトップランク大学

現在アメリカ国内では、トップランク大学の人気教授による授業が、無料でネット配信されている。これは、大規模公開オンライン授業であり、MOOC（Massive Open Online Course）と呼ばれている。今後爆発的に広がる可能性があるとされる。

MOOCシステムであるが、名前やメールアドレスを入力するだけで誰でも受講できる。講義は、細かく10分単位に編集され、ミニテストで理解度を確認しながら次に進む形式になっている。テキストも指定され、オンラインで配信される。授業は基本的に英語で行われる。受講生は毎週5～10時間ほど3か月ほどのタームで受講し、宿題を処理し、テストに合格することにより、修了証が入手できる。

著名なMOOCの一つとして、スタンフォード大学教授が関わる「ウダシティー（Udacity）」がある。この授業には、世界中から数十万人もの受講者がアクセスしている。授業の特色として、人工知能入門、自動運転プログラミング、起業入門など、科学やテクノロジーの先端分野に関する内容が提供されている。

積極的にMOOCに参加している受講者層として、貧困のため大学進学を断念せざるを得なかったアメリカ国内や世界各国の向学心旺盛な若者たちが注目されている。それゆえに、MOOC革命は、教育の民主化革命といわれている（山田、2013a）。

15万人を超える受講生のなかで、試験で満点をとった340人の1人に、モンゴルの15歳少年がおり、こうした少年を発掘できることもMOOCオンライン講座システムならではといえる。

ウダシティーでは、有力企業と提携し、受講生の成績を、これらの企業へ送ることを前提にMOOCを開講している。したがって、企業側は、あらかじめ優秀な受講生と連絡を取り合うことが許され、採用となれば、ウダシティーに仲介料を収めるシステムになっている。

MOOC利用者の間では、大学卒の肩書などはまったく問題にされず、受講生がMOOCシステムでの学習を通して、何を得ることができるかにすべてがかかる。すなわち、授業内容がトップランクであることは必須であり、それを学び修了した受講生たちも、当然ながら超一流という前提で企業サイドも対応する。そして、今後、このシステムに世界中から有能な若者が集まり、教育のグローバル化が一段と進むことになる。

現時点では、MOOCオンライン講座を修了できる受講者は、登録者全体の5％以下であるため、アメリカ国内の大学でも、危機感はまだそれほど高まってはいない。しかし、「今後50年以内に、アメリカでは、現在4500校ある大学の半数がなくなる」との予測も出されている。

今後オンライン講座を提供する大学が増え続けると、MOOCと対面型の講義をどのような形で組み合わせるかが課題になる（山田、2013b）。すなわち、講義系科目にはMOOCを導入し、ゼミナール系科目には対面型授業を取り入れることになると思われる。

わが国でも、トップランク大学は、世界の潮流に遅れることなく、MOOCを導入しながら、最先端の研究と世界的舞台で活躍できる一流の人材養成に突き進むことになるだろう。

② キャリア教育のウェイト拡大が進む大学

二極化が進む、もう一方の大学群においては、キャリア教育の重要性が増す。わが国に存在する大学の大半は、どちらかといえば、こちら側の極に近いため、キャリア教育に対して真剣に取り組む必要がある。とりわけ、文科系学部を多くかかえる私立大学については、大学の存在意義をかけて、キャリア教育に取り組む必要がある。

私立大学・文科系学部学生の場合、卒業後に学部専門教育内容を活かした職種に就くことができる学生は、ほんの一握りにすぎない。各学部とも大半の卒業生が、民間企業へ就職し、従事する職種は、学部・学科を問わず、ほぼ営業職と事務職の二つに集約できる。この現実に目を向けて、民間企業への就職に役立つキャリア教育を、大学全体で学部・学科を問わず、ほぼ一律に展開していくことが求められる。

しかし、一方では、大学という最高学府で学ぶ以上、各学部の専門性・独自性をキャリア教育に反映させるべきであると考える大学関係者が未だに根強く存在する。そして、全学での統一的なキャリア教育の実施に対して、大きな抵抗勢力となっている。

東京都内高校生の4分の3が大学・短大へ進学している現状において、各学部で提供する専門教育と産業界が求める人材養成教育とは、基本的に別物であるという認識を、まずは大学関係者の間で共有する必要がある。

大学教育における専門性とは、あくまでも専門教育における内容であり、文科系学部の場合、それが必ずしも職業に結びつくわけではない。この点が理科系分野の学部・学科との大きな違いである。とりわけ、専門教育内容と職務内容とが強く結びついている医療系学部・学科との違いが明確に見いだせる。この認識を共有できなければ、文科系学部・学科のキャリア教育はスタートできないといえる。

二極化の一方の群である私立大学・文科系学部学生に対するキャリア教育については、次項で詳しく述べることにしたい。

### (3) キャリア教育の体系化

わが国においては、成立の歴史の浅いキャリア教育であるが、社会人としての自立、加えて職業人としての基礎知識の習得が目的に掲げられることが多い。筆者は、大学生に対してキャリア教育を実施するにあたって、以下に示す4ステップを、具体的展開の一案として模索している(所、2011・2017)。概略を説明したい。

**Step1 生き方と仕事の意義を学ぶ**

今後60年程度続く自らの人生全体を根底で支える「心の羅針盤」を受講生各人に確立させること

が、Ｓｔｅｐ１の主目的である。仕事を通して自分が人生で実現したいことは何なのか、社会に対してどのような貢献をしたいのかという問いに対して、活路を見いだしていく必要がある。人文科学系学部であれば、関連領域の科目履修を通して、こうした問題を考えることもある程度可能であるが、社会科学系、自然科学系学部の場合には、カリキュラムのなかに設置されていない場合がほとんどである。

自分自身の特徴を十分に分析し、特に長所や得意分野を自覚する。自己分析においては短所よりも長所を見つけ出すことが重要である。自分の得意分野が見つかれば、それを必要とする職業に就くことにより、自分の能力が十分に発揮できる。「力を発揮できる土俵は誰にでも必ずある」という考え方が重要である。大学の講義科目でいえば、心理学系の科目が該当する。キャリアデザインは、長期的なライフスパンを前提としているため、生涯発達心理学との関連が最も強いといえる。キャリア教育の土台に据えられる本講座は、２年生前半の時期あたりまでに、履修できることが望ましい。

## Ｓｔｅｐ２　産業社会と雇用の仕組みを学ぶ

産業構造、個々の産業分野の特徴を大まかに理解したうえで、普遍的な会社の仕組み、組織、仕事の流れ、人事管理の考え方などを学ぶ。大学の講義科目でいえば、産業構造論、中小企業論、人的資源管理論などが該当する。さらに、各業界から現役職業人を招き、実務的な立場からの講義の実施などが求められる。企業社会で生きていくうえでの基盤となる知識を学ぶことにより、学生たちは就活へ向けて自信を得ることができる。

これらの講義科目は、経済学部、経営学部などの社会科学系学部の学生であれば普通に履修できる科目であるが、人文科学系、自然科学系、あるいは体育・健康科学系学部の学生にとっては、所属学部カリキュラムに設置されていない場合がほとんどである。実社会の仕組みを学ぶことができる科目履修に関して、大学側は全学部の学生に対して、便宜を図る必要がある。Ｓｔｅｐ１の科目と同様に、２年生前半の時期あたりまでに、履修できることが望ましい。

**Ｓｔｅｐ３　キャリア体験学習**

Ｓｔｅｐ１と２は座学による学習であるため、百聞は一見にしかずになりかねない。そのため、実社会の生き様を仮に短期間であっても体験することが重要である。この趣旨に添って行われているのが「インターンシップ制」である。現在は夏休みに１週間程度の実施が多いが、これを長期化し、さらに複数の業種、職種で体験できればたいへん効果的である。すでに多くの大学ではインターンシップを単位認定している。

単位認定に際しては、大学キャリアサポートセンターが中心となり、学部横断的なインターンシップ実習報告会を開催し、実施学生に対して一定の報告を義務づけるとより効果的である。実習報告会では、同一業種でインターンシップを実施した学生が、学部・学科を問わず、数人単位でグループを構成し、グループワークとして発表を行うことが一つの方法である。

現在は、３年時夏休み中にインターンシップが実施されることが多い。今後もその路線で継続されると思われる。大学キャリアサポートセンターなどが中心となり、インターンシップ受入れ先企業数のさらなる拡大が望まれる。

**Ｓｔｅｐ４　職業選択支援**

Ｓｔｅｐ１～３を経たあと、いよいよ企業訪問となる。Ｓｔｅｐ４において大学側のできるサポートとしては、具体的な求人先紹介と諸々の相談受け付け、さらには、キャリアカウンセラーによるカウンセリングとなる。

今後の課題として、これまで実施してきた諸活動を基軸に、学生に対するキャリア支援を拡充していくことが重要になる。多くの大学において、求人案内に加えて、さまざまな活動が展開されている。例えば、新卒者の就職内定率低下、および卒業生の初職3年以内の離職者の増加を受けて、今後は既卒者までを含めた支援が必要になってくる。その際、キャリアカウンセラーによる個別的なカウンセリングが特に重要になる。

自らの人生設計に関して、根本的に悩み、泥沼にはまってしまった場合には、Step4において、小手先の就職先紹介を行うのではなく、Step1に立ち返り、アイデンティティーの形成に取り組むことが重要になる。それは、現役学生ばかりでなく、卒業後の社会人経験者であっても、まったく同じ対応が必要になることはいうまでもない。

大学で学ぶ専門内容を活かせた仕事に就ければ、それに勝ることはない。しかし、それが実現できる学生はごくわずかである。私立大学・文科系学部で学ぶ学生について、特にそれが当てはまる。わが国大学で学ぶ多くの学生たちの切実な姿といえる。そのため、就活の際には、専門の勉強と就職後の仕事内容とを切り離さざるを得ない。

大学側もキャリア研究・教育の一環として、学生たちを全力で支援していく必要がある。そして、その支援は、在学中のみならず、卒業後の一定期間、継続させる必要がある。

キャリア研究自体が、まだ緒に就いたばかりである。冒頭で述べたとおり、学問としての体系化もまだ十分とはいえない。大学教育の場で、キャリア教育の必要性が本格的に認識され始めてきたが、プロとして教えられる人は数少ない。そして、教える側もキャリア教育の指導者ではなく、支援者・学習者であることを認識する必要があり、学び続ける姿勢を忘れてはならない。キャリア研究・教育分野には、取り組むべき課題が山積している。

第4章

# 日本社会と欧州社会との比較

少子高齢化の進行は、日・欧社会の両方にみられる社会現象である。しかし、文化的背景が異なる日・欧社会の間には、さまざまな「違い」がみられる。本章では、次の三つの視点から、両社会を比較した。

第1は、労働観の違い。背景に横たわる宗教観の違い、人的資源管理システムの違いに着目して検討した。

第2は、女性キャリアに関する違い。結婚、子育て、家事負担の観点から検討した。

第3は、幸福感に関する違い。幸福感の定義を定め、幸福感の源泉となる要因を探り、日本人の幸福感が低い原因を探った。

日本社会の文化・風土になじまない欧州社会の特色ももちろんあるが、21世紀中盤へ向けて、日本社会にとって受け入れ可能な点も存在する。今後の課題は少なくない。

捉えておきたいキーワード

□文化的背景　□労働観　□女性キャリア

□幸福感

4

# 1 労働観の違い

## (1) 宗教観に起因する労働観の違い

欧州人にとって、仕事とは、生活の手段であり生きる目的ではない。彼らが仕事に生きがいを見いだすことはあまりない。残業を行う人は、気の毒な人とされ、同情される。そのため、少々生活が苦しくても、残業のない生活を選ぶ。これらが、欧州人の仕事に対する考え方といえる。

65歳以上男性の労働力率についての国際比較データをみると、イギリス(13・7%)、ドイツ(8・6%)、イタリア(6・6%)、フランス(3・6%)〈2015年データ〉となっており、各国とも低水準である(労働政策研究研修機構、2017)。イギリスの場合、大学教員の定年は65歳が一般的であるが、65歳を待たずしてほとんどの人が退職し、その後の人生は地域貢献活動に充てることが多い。

一方の日本人であるが、仕事は生活の手段であると共に生きる目的でもある。残業を行う人は、勤勉な人であり、仕事に生きがいを見いだす人も少なくない。その結果、65歳以上男性の労働力率(2015年データ)は、実に31・1%に達している。欧州主要国と比べて、極めて高い値となっている。ちなみに、日本の場合、大学教員も65歳定年であれば、ほとんどの人が70歳定年制を採用する大学への移籍をめざし、1年でも長く務めようとする傾向が強い。

この違いは何によって生ずるのか。欧州人の心の奥底に、キリスト教の規範が深く横たわっていることが関係している。仕事をすればその対価として賃金が支払われるため、仕事熱心であればあるほど、欧州では強欲な人とみられがちである。「金持ちが天国へ行くことは、ラクダが針の穴を通ることより難しい」というキリスト教の教えが、それを物語っている。そのため、仕事で成功して裕福になると、欧州人にはチャリティー活動を行って、少しでも神に還元したいという気持ちが芽生える。

さらに、欧州各国に存在する優れた社会保障制度も、いわゆる「モーレツ型」的な働き方を抑制している。とりわけイギリスには、「ゆりかごから墓場まで」に象徴される衣食住、医療、教育分野での優れた社会インフラがかつて存在したため、皆が緩やかに仕事をしている。しかし、こうした社会インフラも、近年徐々に限界がみえ始めている。欧州社会全体で高齢化が進み、社会保障制度の基盤が揺らぎ始めているからである。今後は欧州先進国においても、生活のために働かざるを得ない高齢者が確実に増えてくると見られている。65歳以上男性の労働力率について、２０１５年データと１９８５年データを比較すると、各国とも２０１５年の値が軒並み上がっていることを付記しておきたい。

こうした時代変化があるとはいえ、欧州人にとって、「仕事は生活の手段であり生きる目的ではない」という基本構図は簡単には変わらない。今後もキリスト教の規範が欧州人の心の奥底に深く横たわり続けるからである。この点において、日本人との大きな違いが見いだせる。21世紀中盤へ向けて、グローバル社会が本格化しても、働く人々の心の奥底を支配するものは簡単には変わらないとみられる。

## （2） 人的資源管理システムに起因する労働観の違い

日本企業は、１９８０年代後半から、東南アジア地域を皮切りに、本格的な海外進出を始めた。

当時を振り返れば、日本企業内には、現地人雇用者との関わり方について、当初大きな戸惑いがみられた。その理由は、現地人雇用者が、日本人従業員と同じように動いてくれなかったからである。日本企業関係者が、その原因に気づくことに、あまり時間はかからず、すぐに切り替えはなされたが、海外進出に本腰を入れようとした矢先に出鼻をくじかれ、外国人対応に不慣れな日本人の一面が現れた事例として語り継がれている。状況を略述すると、次のとおりである（所、1992）。

現地へ派遣された日本人管理者は、当初現地人雇用者を「気が利かない」「言われたことしかしない」「責任感が乏しい」と評した。理由は、図4・1に示す「職務概念の違い」に求められる。

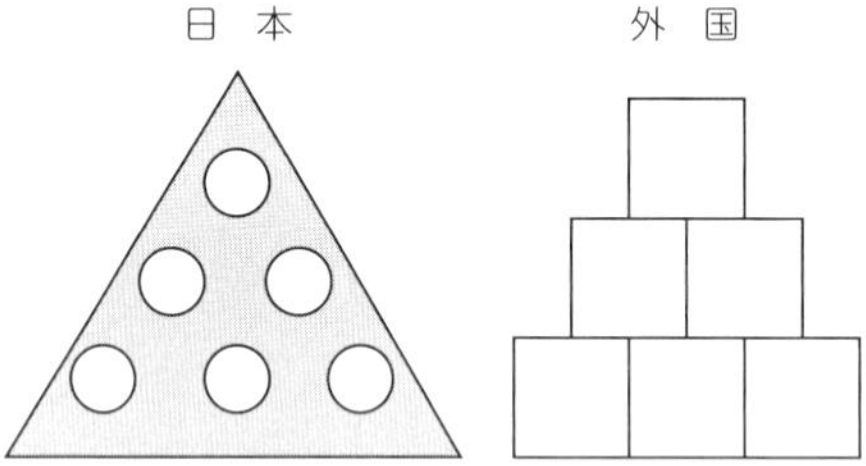


**図4・1　職務概念の違い**

出所：石田（1988）

日本企業では、明確に定まった個人の職務領域は、比較的狭い範囲に限定され、「相互依存の領域（グレーゾーン）」が暗黙に存在していた。組織運営のためには、相互依存の領域を必ず誰かが行う必要があるが、明確な担当者は決まっておらず、気配りをしながら、状況に応じて随時誰かが行っていた。

一方、現地人雇用者の職務概念は、個人責任のあいまいな職務領域を極力なくし、個人の職務領域をピラミッド型に積み上げて、企業の仕事を組み立てるというものであった。一人ひとりが担当する職務内容を明確に規定し、その職務を遂行するために必要な能力、知識、資格などに関して、他の職務との違いを明らかにする厳密な組織が理想とされた。各職務に関する体系的情報を整理した職務記述書（job description）が存在し、これに基づいて賃金が決定される。こうした職務概念は、20世紀前半にアメリカで芽生え、欧米主要国の植民地支配を受けていた東南アジア諸国にも広がり、現代に至っている。

　グレーゾーンの職務を現地人雇用者に対して期待するのであれば、雇用契約そのものを見直す必要があるということに、日本企業関係者は間もなく気づいた。そして、海外展開を図る際の大原則は「現地適応主義」であるという結論に至った。ただし、グローバル化を進めていった日本企業も、日本国内の多くの事業所においては、周りの人たちに気配りを行いながら仕事を行うグレーゾーンが依然として残っている。この点は、プラス効果をもたらす場合が少なくなく、日本的組織の特質の一つとして、21世紀においても維持されるように思われる。

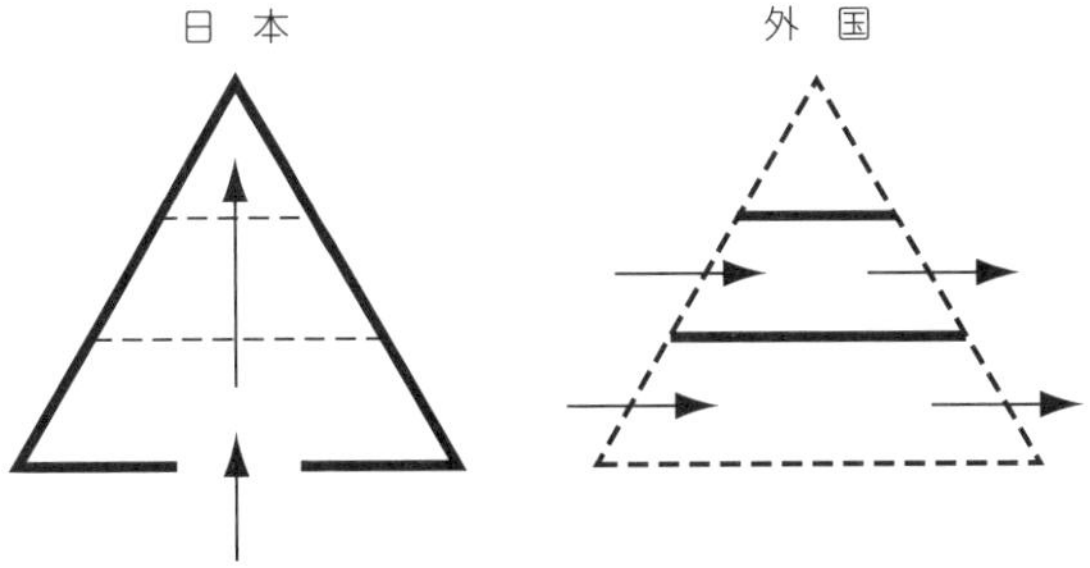


図4・2　人材戦略の違い（1980年代まで）
出所：図4・1と同じ

　次に、人材戦略の違いがあげられる。1980年代ごろまでの日本企業では、組織内部と外部の壁が厚く、長期的視点の人材育成、雇用の安定化、企業内福祉の充実、末端までの情報共有化といった一連の人事諸施策が展開された。就活チャンスは、わずかに下方に開かれた入口から、新規学卒後に1回チャンスを得るスタイルがほとんどであった。そして、入社後、企業内のさまざまな業務を経験しながら、内部昇進するキャリアコースが基本とされた。

　一方、欧米型企業では、組織内部と外部の壁が薄く、逆に組織内の階層間の壁が厚い。階層を越えた昇進は難しいが、逆に好条件の他社へ同一職務で転職を図る意識が高まる。雇用管理の原則が、雇用重視よりも利潤重視であるため、従業員は解雇されやすく、失業率は日本よりも高い。そのため、従業員の関心は必然的に企業外へ向き、自らの職務遂行能力（専門能力）を高めようとする個人主義に走りやすくなる。

１９９０年代以降、日本企業の国内外の事業所において、欧米型企業の人材戦略へと方針転換が図られ、１９８０年代までの人材戦略は影を潜めている。そのため、生き方・働き方に悩む若者たち、そして、突然の方針転換に戸惑う中高年齢者たちは、混乱の最中にあるといえる。

# 4 2 女性キャリアの違い

## (1) 日本女性の家事負担の重さ

２０１５年国民生活時間調査によれば、成人男女（20～59歳）の家事時間の差は、依然として大きなままである。１日当たりの家事時間が女性４時間18分に対して、男性はわずかに54分にとどまり、その差は3時間を超えている。「結婚を契機に、《男性は仕事、女性は家事》といった性別役割分担が生じ、子どもが誕生すると、一段と拍車がかかる傾向は、従前どおりである」（渡辺、２０１６）と分析されている。

若干の変化としては、家事用電子機器の機能改善により、炊事・掃除・洗濯などの基幹家事作業が効率化され、女性の家事時間は短縮している。さらに、女性の未婚化や少子化も進行しているため、女性の家事時間短縮が後押しされている。しかし、少子化でありながら、女性は母親として、減少した子どもに対して、きめ細かな対応を施しているため、子育てに要する時間が以前よりも増えている。これが近年の傾向として特筆され、子育てに要する時間を家事時間に含めれば、女性の

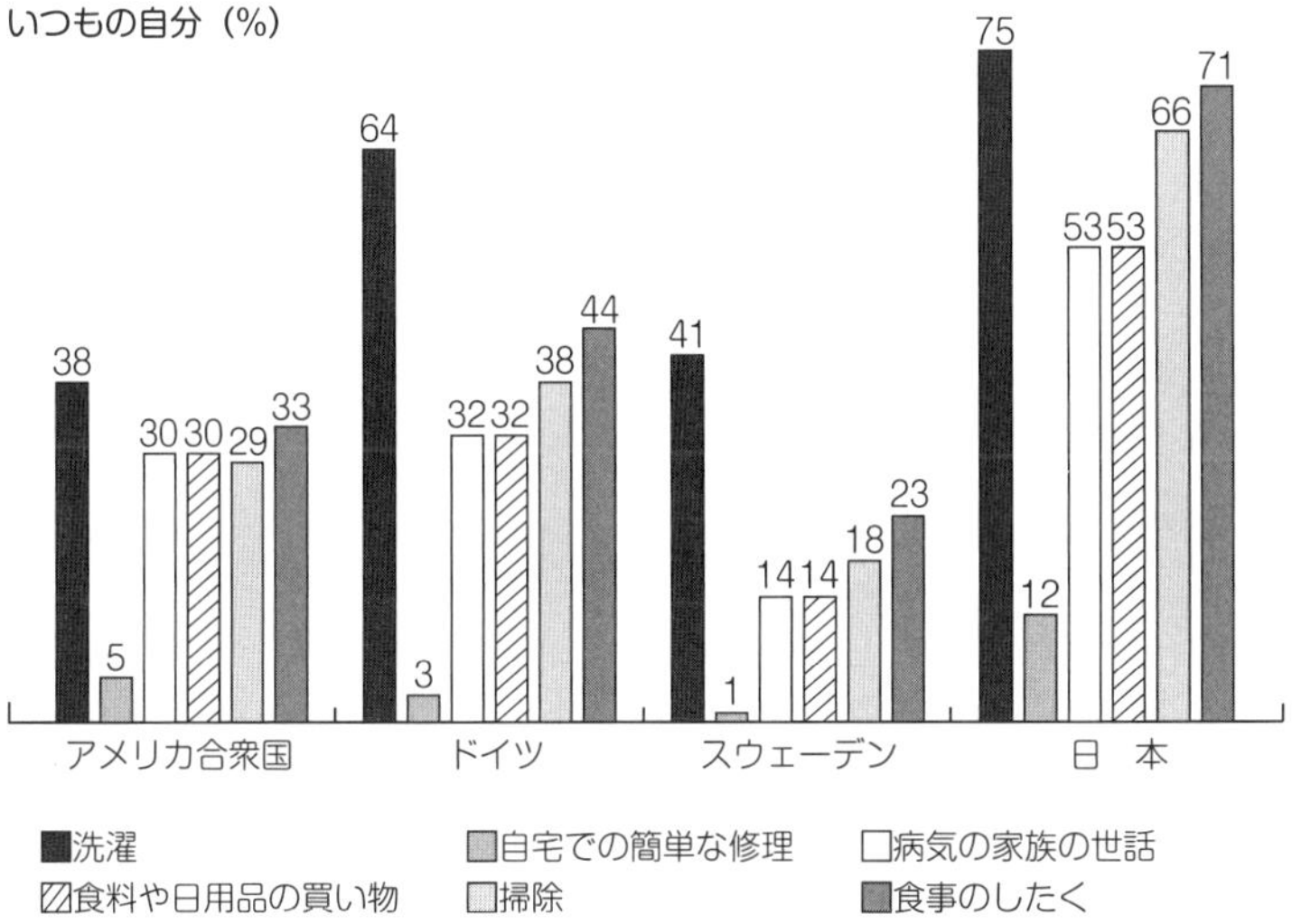


**図4・3　家事負担［すべて妻］に関する4か国比較**

出所：NHK 放送文化研究所編『現代日本人の意識構造［第7版］』(2010)

家事時間は微減にとどまっている。

一方，男性の家事時間は，家庭へ向けられた前向きな意識変化によって，徐々に増加している。しかし，労働時間の長さによって，家事時間を捻出することが容易ではないといった問題が存在する。「家事時間に充てたいという男性サイドの意識の高まりは見られるため，30～40歳代男性の労働時間短縮問題が，今後の大きな課題になる」（渡辺，２０１６）と分析されている。妻が育児休暇をとれても，夫が会社に縛れていては，子育てを分担できるはずはなく，女性支援ではなく「男女支援」が重要になってくる。

家事負担に関する諸外国との比較については，ＮＨＫ放送文化研究所（２０１０）が，貴重なデータを示している（図4・3／図4・4）。日本女性の家事負担が，諸外国と比べて，すべての項目において，重くなっていることを示している。

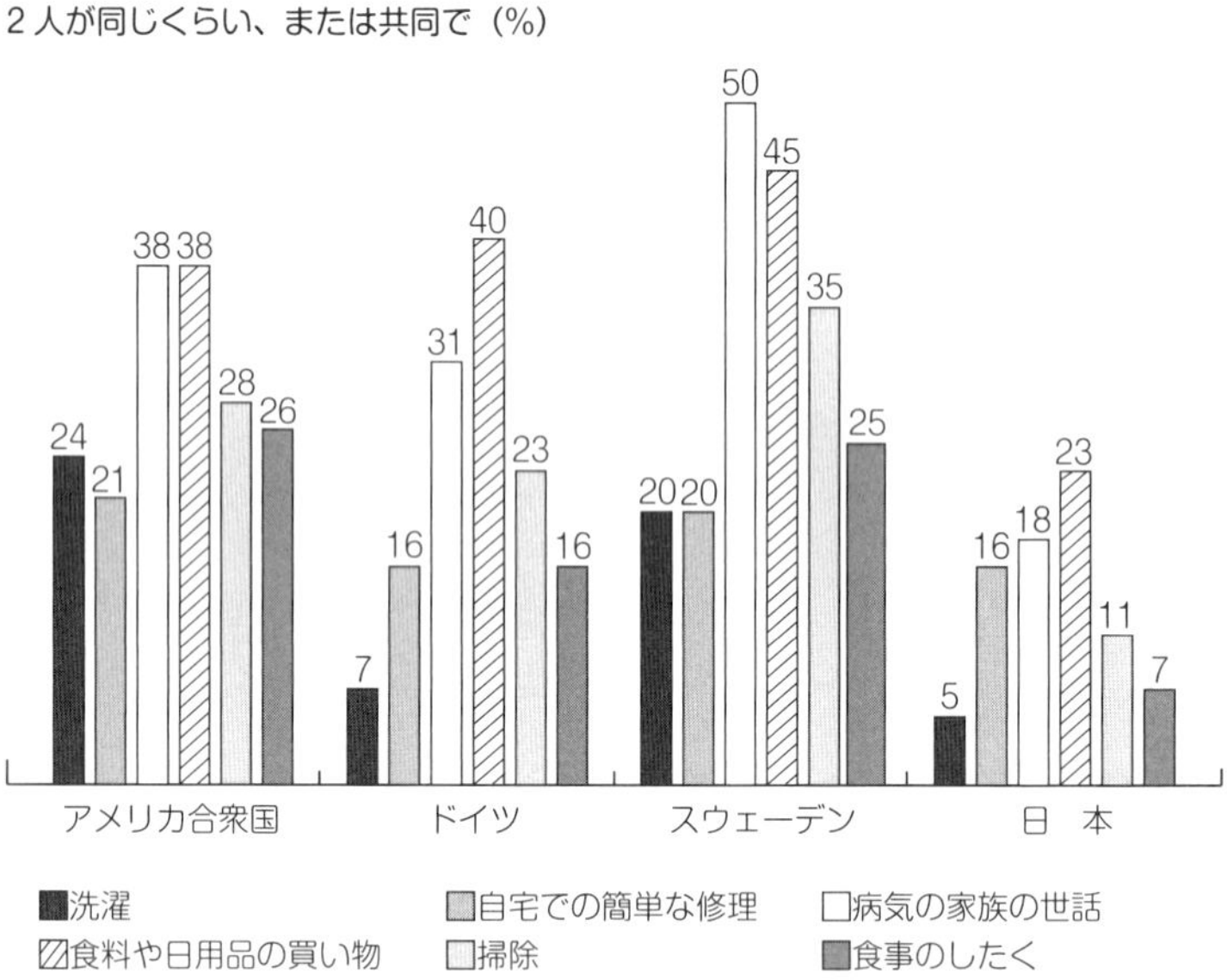


図4・4　家事負担［夫婦共同］に関する4か国比較

出所：図4･3と同じ

日本女性の場合、「2人が同じくらい、または共同で」（〔夫婦共同〕）家事を行っている割合が極めて少なく、〝自宅での簡単な修理〟以外は、「いつも自分」（〔すべて妻〕）が、すべて過半数を占めている。

総合職で入社した女性の65%が10年後には退職し、結婚を契機に、《男性は仕事、女性は家事》といった性役割意識へと回帰する。そして、子どもが誕生すると、一段と、それに拍車がかかる。さらに、独身女性の3人に1人が専業主婦を希望しているのが、現代日本社会である。

しかし、未婚男性の4割が年収200万円以下という格差社会が一方には存在し、正社員としての職が得られない若年男性も少なくない。そのため、専業主婦を希望する適齢期の女性との間にミスマッチが生じ、若年男女の間に晩婚化・非婚化といった流れをつくり出している。人口減少期に入ったわが国では、出生率を上げるため、さまざまな支援策が模索されているが、必ずしも当事者である若年男女が求めている的確な支援になっていない。

## (2) 日本の女性キャリアの特質

2016年に生まれた子どもの数（出生数）が、1899年に統計をとり始めてから初めて100万人を割り込んだことが大きく報道されている。データソースは、厚生労働省・人口動態統計である。出生と死亡の差はマイナス33万人を超え、10年連続の人口自然減となっている（『日本経済新聞』2017年6月3日付）。少子高齢化に一段と拍車がかかっていることは明らかである。今後のわが国の人口減少見通しについて、少し述べておきたい。

2016年の合計特殊出生率（1人の女性が生涯に生むとされる子どもの数）は1・44を記録し、2005年の1・26を底として、その後は横ばいから上向き基調が続いている。政府は、2060年代まで1億人程度の人口維持をめざしているが、状況はたいへん厳しい。目標達成のためには、合計特殊出生率を現下の1・4強から、速やかに2・1弱（人口維持可能水準2・07）近くまで伸ばさなければならないからである。

2015年国勢調査の確定数が公表されたことを受けて、国立社会保障・人口問題研究所（2017）は、日本の将来人口推計を公表した。政府は「希望出生率1・8」を目標に掲げているが、同研究所では、今後の出生率が現状のまま（1・4前後）で推移するという見通しで、将来人口推計を行った。それによると、総人口が1億人を下回る時期は2053年、2065年には8800万人まで減少する。65歳以上人口割合は、2015年の26・6%から、2065年には38・4%ま

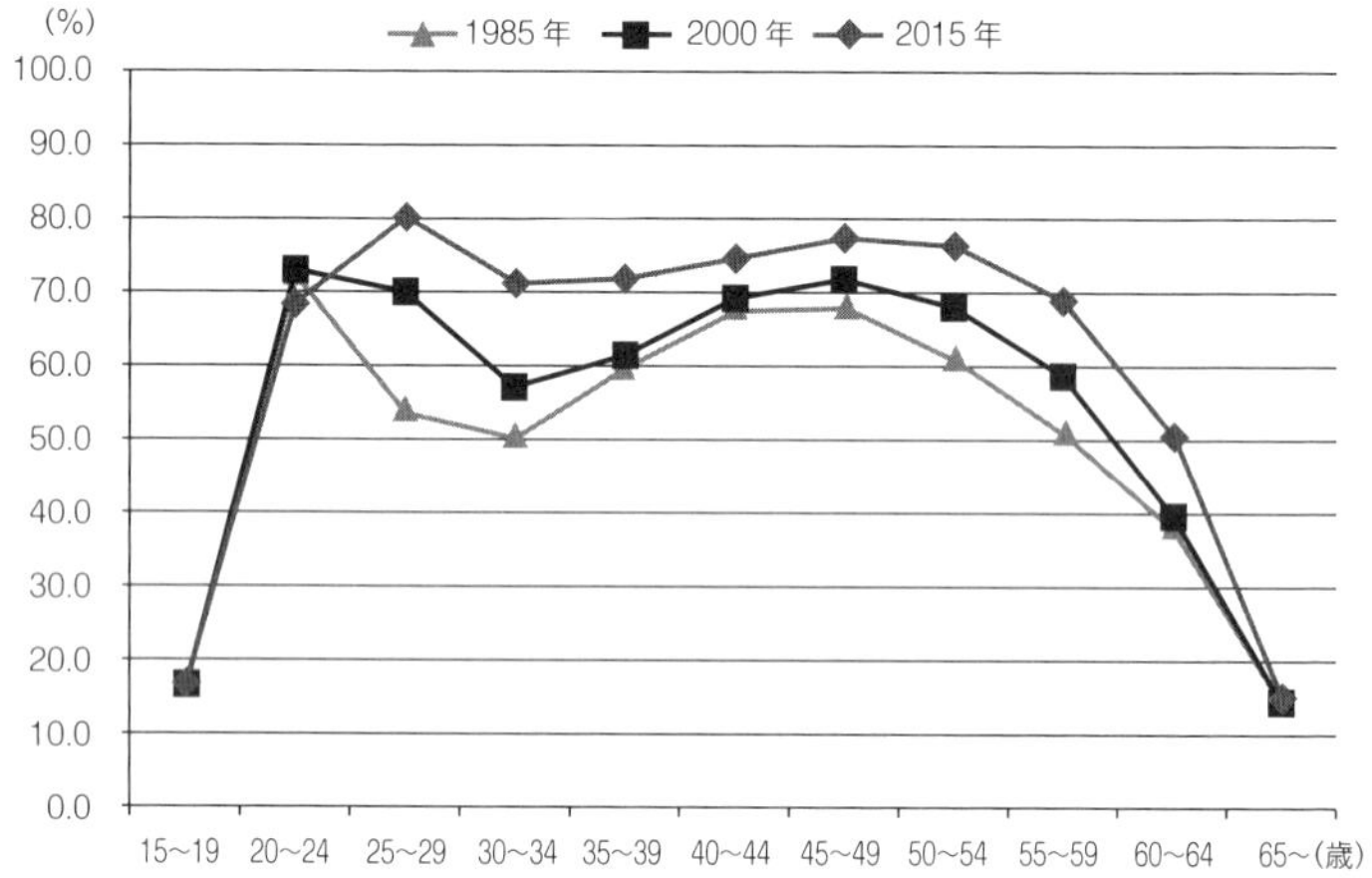


**図4・5　女性の年齢段階別労働力率（時系列変化）**

出所：総務省統計局「労働力調査」より作成

で上昇するとされた。65歳以上人口のピークは２０４２年とされ、およそ４０００万人に達すると推計されている。

欧州主要国では、すでに人口維持可能水準（１・９～２・０）に近い出生率を回復している。そのため、21世紀中盤において、日本のような人口減少期を迎えることもない。また、女性の年齢段階別労働力率をグラフ化すると、台形型の就業構造になる。

これに対して、日本の場合、依然として、M字型構造が続いている（図4・5）。時系列比較を行うと、20歳代後半から30歳代にかけての結婚・子育て期に退職する割合が減少し、くぼみ部分が少しずつ浅くなってきている。しかし、第1子出産で6割が一旦退職し、子育てが一段落したあとに、大半が非正規社員で再就職し、後半のヤマができるといった構造は、依然として変わっていない。また、従来は30～34歳のくぼみが最も大きかったが、晩婚化が進んだことにより、直近の労働力率では、35～39歳のくぼみと、ほぼ同じ大きさになっていることが注目される。

くぼみ部分の労働力人口は約350万人とされ、雇用者報酬総額7兆円が見込まれている。女性の働く意欲の向上や企業による女性の活用拡大は、日本経済を再生する有力な手立てとされるが、現状では極めて不十分なままである（『日本経済新聞』2013年7月13日付）。子育て期の仕事優先によって、出生率がさらに下がる事態だけは絶対に避けなければならないが、働く意欲と能力を持ち合わせている女性を活用するシステムが整備されていないわが国産業社会の実態は、誠に残念なかぎりである。

女性の社会進出意欲の高まりによって、日本の全就業者に占める働く女性の比率は、欧米各国と比べて遜色ない。しかし、管理職比率を比べると、12％程度の日本に対して、30％を超える欧米との差は依然として大きい。理由は、「日本では、職場に管理職候補女性が少ないから」という答えが返ってくる。女性の短期間での離職率の高さに加え、入社段階で総合職より一般職を選ぶケースが多いことも関係している（『日本経済新聞』2013年1月7日付）。

背景要因として、次の2点が考えられる。

第1は、家事・育児負担を女性に強いる根深い日本の社会構造である。すでに述べたとおり、欧米主要国と比較して、日本人男性の家事・育児時間は極端に少ない。それゆえに、日本女性は、出産・子育て期に退職を余儀なくされる。こうした社会構造が定着しているため、女性側も受け入れざるを得ない状況に追いやられている。企業努力だけでは解決できない、社会変革が不可避になっている。

第2は、女子学生が選択する大学の専攻分野、および日本の教育制度に関する問題である。科学技術系学部に占める日本の女子学生比率は、OECD（経済協力開発機構）加盟国中、最下位グループに属する（『日本経済新聞』２０１３年7月2日付）。この点も大きな問題点として指摘できる。

ちなみに、東京理科大学ホームページに公開されている学部別の女子学生比率は以下のとおりである（２０１７年5月1日時点）。

例）東京理科大学の女子学生比率（全学部平均）　24％

比率の高い学部　１位：薬学部　53％

　　　　　　　　２位：経営学部　33％

比率の低い学部　１位：理工学部　17％

　　　　　　　　２位：工学部　18％

女子学生の大学進学率が高まっているなかで、企業サイドが求めている理工系学部への進学率は、非常に低い。男女間には学力格差はみられないため、理工系学部へ進学する女子学生が少ない背景には、小・中学校や家庭生活において、未だに教師や親が、「性役割の考え方」を少しずつ植えつけているのではないかと推察される。子どもの成長過程での重要な時期に、影響力の大きな人物からの示唆は、進路決定に対する決定打となる可能性もあるため、こうした点を含めたキャリア教育の改善が今後の課題となる。対策としては、大学入学後に転部・転科を可能にする仕組み、就職後も大学で学び直せる柔軟な社会システムへの変更が必要になる。

わが国社会では、各分野で女性活躍推進策が打ち出されている。まず、政府が、先陣を切った形で、「上場企業に女性役員を少なくとも１人」を成長戦略目標として打ち出している（『日本経済新聞』２０１３年6月28日付）。

この目標が掲げられた背景には、上場企業の女性取締役比率１・２％の日本企業に対して、海外投資家から厳しい目が向けられていることがあげられる。

なぜ女性役員を増やすことが必要なのか。欧米では、女性取締役が3人以上いる企業は、そうでない企業に比べて業績がよいからである。さらに、新興国市場を開拓するとき、取締役全員が、同じ業界で経験を積んだ50～60歳代の男性のみでは、リスクが高いと考えることに誰も異存はないからである。そのため、取締役会を性別、国籍、年代、業務経験など多様な顔ぶれで構成するボードダイバーシティーの重要性は、もはや欧米では共通認識となっている。したがって、企業データをもとに投信判断を行うとき、３５０を超えるチェックポイントのうち、「女性取締役比率」は常にトップ10に入っている。

## （3） 欧米主要国の出生率回復のポイント

背景要因と対策について検討したい。

### ① 背景要因

主に以下の三つに分けられる。

第1要因として、「手厚い経済的支援制度の確立」があげられる。20歳までは医療費無料の国がほとんどであり、イギリスをはじめ、教育費は、大学卒業時まで原則無料の国が少なくない。スウェーデンでは、父母合わせて３９０日間、育児休業前収入の80％が保障されている。さらに、全額事業主負担で、所得制限を設けず、原則16歳未満まで児童手当が支給されている。フランスでは、家族給付が約30種類整備され、いずれも所得制限がない。また、児童手当や育児休暇は、子だくさんになればなるほど増えるシステムであり、フランスは、一般家庭を対象とした欧州で最も子育てのための経済的支援が進んだ国となっている（『日本経済新聞』２０１４年6月21日付）。

こうした手厚い経済的支援制度を支える財源であるが、欧州各国とも、高額な税金負担が課されている点を、まず指摘しなければならない。スウェーデンでは、賃金の約30％が地方税、消費税も25％に及んでいる。ちなみに、２０１７年1月時点の消費税率は、スウェーデン・ノルウェー・デンマーク25％、イタリア22％、オランダ・ベルギー21％、イギリス・フランス・オーストリア20％、ドイツ19％となっている（国税庁、２０１７）。高水準の消費税率であるが、生活必需品、乳幼児・児童用品、老人世帯用品などの消費税率を低く抑えた「軽減税率」が適用されているため、質素な生活をしていればあまり負担は感じない。

日本でも消費税率の引き上げが喫緊の政策課題となっているが、その際には、軽減税率の適用をぜひとも求めたいところである。ちなみに、欧州各国では、お酒類が生活必需品として位置づけられ、軽減税率の対象内に含まれている点がたいへん興味深い。この点も欧州文化の特色の一つとして理解できる。

第2要因として、「事実婚カップルの法的容認」があげられる。「結婚より出産が家族の出発点」の考え方が社会的コンセンサスを得ている点が注目される。婚外子の割合は、スウェーデン・フランスは50％台、イギリス・アメリカが40％台となっている。ちなみに、日本はわずかに2％である。出生率回復のポイントとして、経済的支援だけでなく、多様な家族形態を認める社会風土の存在があげられる。

フランスでは、１９９９年に民事連帯契約が成立し、同棲カップルも事実婚として登録すれば、正式な結婚と同じ社会保障が受けられる法制度が整った。それによって、正式婚と事実婚の比率は

5対4になり、新生児の婚外子は50％を超えている。複雑な家庭環境が子どもに与える影響を懸念する声も当然あるが、政府の基本方針は、「子どもの支援体制を整えることによって、それを乗り越えたい」と強気である（『読売新聞』２０１２年10月11日付）。日本の社会風土では到底受け入れられないが、一つの取り組み事例として直視する必要があろう。

第3要因としては、「子育て世代に対するさまざまな面での社会的支援体制の確立」があげられる。子どもが多い家族に対して、公共交通機関やスポーツ施設での大幅な割引料金の設定は、フランスやイギリスでは日常的に行われている。その際、親子関係の証明のみが求められ、正式結婚の有無などは一切問題にならない。

イギリスでは、小学校での子どもの登下校の際の保護者の送迎義務が徹底している。下校時の午後3時ごろに子持ち社員が職場を離れることを容認する職場風土が醸成されている。午後3時ごろの父親による子どもの迎えも珍しくはない。職場、地域社会、さらには国全体が子育てを後押ししていることの証しといえる。

日本では、子どもが多いと「大変ね」といって気の毒がられるが、フランスでは、「素晴らしい」といって祝福される。子どもの存在をポジティブにとらえ、子どもがたくさんいることが当たり前な社会が、より子育てを容易にしている（『朝日新聞』２００６年2月15日付）。子どもを2人もつフランス人女性の就業率は83％、２０１７年時点の人口は約６５００万人、２０５０年には７５００万人に達する見通しである。

② 対策：オランダモデルの模索

現在わが国では、「同一労働同一賃金」が、働き方改革の目玉と位置づけられ、システム化が模索されている。同じ内容の仕事をしていれば、正社員、非正規社員を問わず、原則的に待遇をそろえるという方向で検討が進められている。同一労働同一賃金が定着することによって、正社員と非正規社員との賃金格差が狭まる。夫婦共々、非正規社員であっても生計が成り立つようになる。実現を切望する非正規社員は、非常に多いと思われる。

オランダでは、男女とも短時間勤務をしやすい制度を整えて、男性の育児参加や女性登用が進み、経済停滞からも脱却することができた（『日本経済新聞』２０１６年3月21日付）。夫婦で交互に勤務時間帯を選択できるようになり、子育ても円滑に行える「オランダモデル」は、まさに理想的といえる。

政府は、雇用者全体の4割を占めるパート労働者や契約社員、派遣社員といった非正規社員の待遇改善が進めば、これまで労働市場に参入していなかった女性や高齢者が仕事に就きやすくなると目論む。そして、そうした雇用の道筋がつくられれば、本格的に労働力人口が減少する21世紀中盤へ向けて、重要な働き手が確保できると期待する（『日本経済新聞』２０１６年12月21日付）。

実際に正社員と非正規の賃金を同じにすることはできるのか。非正規の1時間当たり賃金を正社員と比較すると、先行する欧州諸国でもまったく同じではなく、フランス89％、ドイツ79％と格差はみられる。しかし、日本57％ほどの格差はみられない。賞与も含めると日本の正社員と非正規との賃金差はさらに広がる（∵日本の非正規は、賞与が支給されることはあまりないため）。日本政府としては、同一労働であれば、雇用形態にかかわらず、通勤手当、出張旅費、役職手当などを同額にするように経営側に求める方針である。これによって、正社員と非正規社員の所得格差を縮めることを、当面の目標にする（『日本経済新聞』２０１６年2月24日付）。

実現する可能性はどの程度あるのか。正社員の賃金を維持したまま、非正規の賃金を上げるには、総人件費枠を増やす以外に方法はない。また、総人件費枠を増やさずに非正規の賃金を上げるためには、正社員の賃金を下げる以外に方法はない。いずれにせよ、ハードルは低くはない。現時点では、今回の政府指針に法的拘束力はなく、各企業の自助努力に委ねられるとのことである。

オランダでは、なぜ正社員の既得権を脅かしかねない路線変更ができたのだろうか。正社員と非正規の間に「もともと大きな格差がなかった」との指摘がある（『日本経済新聞』２０１６年3月21日付）。すなわち、オランダをはじめとする欧州諸国では、正社員、非正規にかかわらず、雇用契約で明確に職務範囲と労働時間が決まっていたからである。図４・１で示した職務概念に基づき、仕事が行われていたということである。

これに対して、日本の正社員は、職務概念が明確に規定されず、あいまいな状態にされ、会社都合による配置転換、転勤、長時間労働などもあり得ることを前提に採用が行われた。また非正規は、職務内容が明確に規定され、あいまいな部分はほとんど存在しない前提で採用された。あいまいな部分が存在する正社員の賃金は、「職能型賃金体系」が採られ、会社都合によるリスクを含むため、賞与付きの固定給となった。そして、あいまいな部分が存在しない非正規については、「職務型賃金体系」が採られた。こちらは、歩合給的賃金となった。

しかし、現在の日本企業における正社員の職能型賃金と非正規の職務型賃金を比較すると、あまりにも格差が大きいため、問題が生じているわけである。日本企業における同一労働同一賃金問題は、正社員も非正規も、どちらも欧州のような職務型賃金体系へ移行することの是非について、問われている。

4/3

# 幸福感の比較

## (1) 幸福感の定義

幸福感とは、人によって異なる主観的なもの、その人にしか説明できないものである。さらに、時代、年代、世代によって重視されるポイントが異なる。100年前と現代、そして21世紀後半では、幸福な生き方についての重視ポイントが違っても不思議ではない。また、20歳の若者と80歳のお年寄りの幸福の中身も当然異なる。したがって、幸福を追い求めることは、動く標的を追い求めることに等しい。

幸福感を客観的に測定するための研究は、長年続いている。幸福感を測定する場合、主観的幸福(subjective well-being)を測定するアプローチと客観的幸福(objective well-being)を測定するアプローチがある。主観的幸福を測定する場合、主に、生活満足度、人生満足度を質問紙調査で定量的に測定することが多い。以下に述べる「ディーナーの人生満足尺度」(Diener, 1985)などが著名であり、日本国内の研究でもよく使われている(前野、2013)。

一方、客観的幸福の測定に関しては、収入、学歴、生活状況、健康状態、笑い声の大きさ、脳機能計測など、幸福感に関係しそうな指標が何らかの形で計測されている。測定方法はさまざまとなっている。しかし、幸福感を直接測定していないという指摘が根強い。収入が多いからといって、必ずしも幸福であるとは限らないからである。客観的指標と主観的幸福とを突き合わせてみて、初めて客観的幸福の妥当性が明らかになるといえる。したがって、幸福研究においては、主観的幸福の測定が重要視されている。その際、重視される心理学的概念は、「認知」と「感情」である。

まず、認知とは、生活状態、現在の地位などに対する自己評価を意味する。「人生満足度」として、定量的に測定されることが多い。前記で紹介したディーナーの人生満足尺度は、以下の5項目から構成される。原文（英文）と和訳された質問文を示したい。

① In most ways my life is close to my ideal.
　ほとんどの面で私の人生は私の理想に近い。

② The conditions of my life are excellent.
　私の人生はとてもすばらしい状態だ。

③ I am satisfied with my life.
　私は自分の人生に満足している。

④ So far I have gotten the important things I want in life.
　私はこれまで自分の人生に求める大切なものを得て来た。

⑤ If I could live my life over, I would change almost nothing.
　もう一度人生をやり直せるとしてもほとんど何も変えないだろう。

いずれも7段階尺度（非常によく当てはまる〈7点〉―だいたい当てはまる〈6点〉―少し当てはまる〈5点〉―どちらともいえない〈4点〉―あまり当てはまらない〈3点〉―ほとんど当てはまらない〈2点〉―全く当てはまらない〈1点〉）で評定される。5項目の合計得点（5点～35点）を算出し、得点が高いほど幸福感が高いとされる。

次に、幸福感を高めることに寄与する感情とは、ポジティブ感情の集合体を意味する。ポジティブ感情とは、喜び、楽しさ、感激、愛情、満足、安心、熱意、期待、誇りなどをさす。これらの感情をたくさん持つことが重要になる。しかし、不満、怒り、嫉妬といったネガティブ感情が、幸福感を高めることにまったく役立たないわけではない。社会への怒り・不満が、よりよい社会構築のために寄与する場合もある。ただし、ネガティブ感情は長続きせず、ポジティブ感情が優先することはいうまでもない。

以上を集約すれば、「幸福な人間とは、ポジティブな感情をたくさん持ちながら、一方で、ネガティブな感情をある程度もち、そのうえで人生全体に満足している人」と定義できる。

## (2) 世界各国の幸福度

２０１２年より国連傘下の「持続可能な開発ソリューション・ネットワーク（英語名称：Sustainable Development Solutions Network）」は、世界１５０以上の国や地域の人たち約３０００人を対象として、世界幸福度調査を実施している。

調査は、自らの幸福度が0～10のどの段階に位置するかについて、回答を求める方法（主観的幸福度の測定、数値が大きくなるほど幸福度が増す）で行われている。主観的幸福度は国別に平均値で比較されている。調査は毎年実施され、調査報告書（World Happiness Report）がウェブ公開されている。

以下に、２０１３年と２０１７年レポートに公開された世界各国の幸福度ランキング（World Happiness Report,2013,2017）からみて取れることをコメントしたい（表4・1）。

幸福度の高い国・地域は、スカンジナビア全域、西欧、北米、オセアニアなどの先進諸国となっている。これらの国・地域の共通点として、「経済的水準が高いこと」「生活インフラが整備されていること」、そして「政府や警察が十分に機能し、内戦がない平和な国々」といった点が、まずあげられる。２０１７年レポートでトップ10入りした10か国中、９か国が２０１３年レポートでもトップ10入りしていた点が注目される。特に北欧５か国は、２回ともトップ10入りしている。

アメリカは、２回とも上位ランクではあるが、いずれもトップ10から外れている。イギリス、フランス、ドイツといった西欧先進諸国も10位台後半から30位前後となっている。

表4・1　世界各国の幸福度

| 2017年 | | | | 2013年 |
|---|---|---|---|---|
| 1位：ノルウェー | 7.537 | ⇑ | ← | 2位：7.655 |
| 2位：デンマーク | 7.522 | ⇓ | ← | 1位：7.693 |
| 3位：アイスランド | 7.504 | ⇑ | ← | 9位：7.355 |
| 4位：スイス | 7.494 | ⇓ | ← | 3位：7.650 |
| 5位：フィンランド | 7.469 | ⇑ | ← | 7位：7.389 |
| 6位：オランダ | 7.377 | ⇓ | ← | 4位：7.512 |
| 7位：カナダ | 7.316 | ⇓ | ← | 6位：7.477 |
| 8位：ニュージーランド | 7.314 | ⇑ | ← | 13位：7.221 |
| 9位：オーストラリア | 7.284 | ⇑ | ← | 10位：7.350 |
| 10位：スウェーデン | 7.284 | ⇓ | ← | 5位：7.480 |
| 12位：コスタリカ | 7.079 | ⇐ | ← | 12位：7.257 |
| 14位：アメリカ合衆国 | 6.993 | ⇑ | ← | 17位：7.082 |
| 16位：ドイツ | 6.951 | ⇑ | ← | 26位：6.672 |
| 19位：イギリス | 6.714 | ⇑ | ← | 22位：6.883 |
| 25位：メキシコ | 6.578 | ⇓ | ← | 16位：7.088 |
| 30位：パナマ | 6.452 | ⇓ | ← | 15位：7.143 |
| 31位：フランス | 6.442 | ⇓ | ← | 25位：6.764 |
| 51位：日　本 | 5.920 | ⇓ | ← | 43位：6.064 |

出所：World Happiness Report（2013,2017）

これに対して、コスタリカ、メキシコ、パナマといった中南米諸国が、２回とも欧米先進諸国と同ランクになっていることが注目される。幸福感をもたらす要因として、経済力だけが関与しているわけではないことの証しになっている。

一方、日本の位置づけはどうか。２回とも50位前後と先進国のなかでは最も低いランクに位置づけられている。アジア諸国も総じて低いランクにとどまっている。この分析については、

「幸福感の源泉」を探る形で次項において行うが、欧州社会と日本社会を比較するうえでの、たいへん重要な分析視点となる。

### （3）　幸福感の源泉

幸福を見つけることは、ケーキを焼くことと似ている。ケーキにはさまざまな種類があるが、人の幸せの形もさまざまである。ケーキを作るために不可欠な三つの材料があるように、人の幸せをつくるためにも不可欠な3要素がある。「幸福のレシピ」とは、小麦＝「人との交わり」、砂糖＝「親切心」、鶏卵＝「ここにいること」の3要素であると語るのは、カナダ・ブリティッシュコロンビア大学教授で心理学者のエリザベス・ダン（Dunn,E）である（ＮＨＫ総合、２０１４／ＮＨＫ「幸福学」白熱教室制作班、２０１４）。幸福感の源泉となる「幸福のレシピ3要素」について、詳しく解説していきたい。

第1は、「人との交わり」である。会社などのフォーマル社会に所属して、人とつながりを持つことも重要ではあるが、友人や家族といったインフォーマルな人間関係をつくることのほうがむしろ重要である。それによって、幸福感が高まる。理由は、定年退職後にフォーマルな人間関係をなくし、周りに親しく話せる人がいなくなってしまっても、コーヒーショップで店員と軽く交わす程度の会話があれば、幸福感を高めることができるからである。

こうした例がある。インド・コルカタの人力車運転士は、7人家族で1日当たり、わずか1ドルの収入しかないという。しかし、先進国の平均収入の男性と同水準の幸福度が示されている。彼は、家族と共に日々新鮮な気持ちで過ごす人生のなかに幸福感を見いだしている。子どもたちが父親に対してもたらす感謝の気持ち、家族皆が助け合う関係が、精神的豊かさを育んでいる。「家族が幸福ならば、自分も幸福になれる」といった幸福の絆が、高い幸福感をもたらしている。物質的豊かさ（金銭）は長続きせず、幸福の妨げになる場合もある。中南米諸国の高い幸福度と、相通ずるものを感じ取ることができる。

第2は、「親切心」である。これは、他者への投資を意味する。人に親切し、人を助けようとすることで幸福感は高まる。ボランティア活動を行うと幸福感は高まる。また、幸せな人はボランティア活動に積極的に取り組んでいる。親切の営みは多く行うほど、幸福感が高まり、感謝の気持ちを持つことが大切になる。

こうした例がある。複数の大学生に現金5ドルが渡され、今日中に使うように指示された。グループAに対しては、「自分のためにお金を使うように」との条件が付けられた。すなわち、化粧品、アクセサリー、食品などを買うために使うことになる。一方、グループBに対しては、「他人のためにお金を使うように」との条件が付けられた。すなわち、友人や幼い兄弟のために食品などを買う、あるいは寄付を行うために使うことになる。

現金使用後に、両グループに対して、幸福度調査を行ったところ、グループBの幸福度のほうが高くなった。さらに、強制されずに、自発的に他人のためにお金を使うと、より幸福感が高まることも示された。生き方への示唆としては、お金で幸せが買えないならば、お金を手放してみたらどうかということになろう。この調査結果の根底には、他人に与える喜びが、人間の生まれもった性質として横たわっている。

第3は、「ここにいること」である。これは、目の前の仕事に集中することを意味する。それによって、幸福感が高まる。人は1日のなかで3割は物思いにふけっているといわれる。物思いにふけることが、幸福感を下げる原因になる。とりわけ、過去の不愉快な出来事を思い出していると幸福感を引き下げることになる。

こうした例がある。ビジネス場面で、打ち合わせ直前に別件メールが入ったとする。そのメールをみた瞬間から気になり始め、集中力が削がれ、打ち合わせの成果を高められない。結果的に、幸福感を下げる原因になりかねない。メールチェックを1日3回だけの人と、1日に無制限に行う人との間でストレス度を比較すると、前者のほうが、ストレスが少ないという結果が出ている。注意力の散漫さがストレスを高め、幸福感を下げている。

それでは、なぜ日本人の幸福感は低いのか。筆者は原因として次の2点を考えた。

第1は「親切心＝他者への投資」が、欧州社会と比較して、日本社会、ひいては東洋社会に欠落している点である。幸福のレシピの第2要素が当てはまる。この背景には宗教がもたらす文化的基盤が深く関わる。欧州社会に広がるキリスト教は、広く薄く人と関わる博愛主義を基調としている。それゆえにボランティア活動が活発に展開されている。

一方の東洋社会は、儒教文化圏として広がっており、身近な人たちと密度の濃い相互扶助を施し合い、全面的人間関係を構築する傾向が強い。自分をとりまく重要な他者（significant others, 親・教師・職場の上司など）との間に成立する全面的人間関係は、グアンシー（guanxi）と呼ばれ、儒教文化圏における独特な社会慣行を形成している。その反面、自分と関係の薄い人に対しては，冷たく振る舞うという特徴がある。ここに博愛主義との大きな違いが見いだせる。そのため、ボランティア活動への参加者は、まだまだ少ない。この点が、アジア諸国の幸福感の低さと関連があるとみられる。21世紀中盤へ向けて、改善していくポイントの一つにあげられる。

幸福感を考えるとき、サポートを「受けること」が重視されがちであるが、大切なことは、逆にサポートを「提供すること」であることに、われわれ日本人は気づかなければならない。人を支えることで、自らの幸福感が高まっていく。幸福感に不可欠なことは、人をサポートすること、他人に親切にすること、他者への投資、社会貢献である。

第2は、「自律的な生き方」が、日本人は十分にできていない点である。幸福のレシピの第3要素と関連がある。

日本人は、自分が他人の目にどう写るかを常に意識し、責任や義務を果たすために上手にやらねばとプレッシャーを感じながら生きている人が多い。それによって、ストレスが増大し、自分自身への問いかけは後回しになってしまっている。すなわち、他律的な生き方をしている人が多いということである。一方、欧米人は、自分自身へ問いかけ、自らの価値・目標を尊重し、それらを外へ出すことを重視しているように思える。すなわち、自律的な生き方をしているということである。こうした生き方の違いが、幸福感の高低につながっていると示唆される。

第5章

# 生き方のセオリーを探る

人生航路の基盤3要素を「健康、経済力、自らの拠りどころ」とした。人生後半になると、「自らの拠りどころ」の重要度が増してくる。それは、恒久不変の価値を持ち、アイデンティティーの根幹に位置づけられるからである。そして、フロイトの言葉「愛することと働くこと」が深く関わることになる。

愛することの本質に共存概念が据わり、故郷への回帰が重要な意味を持つ。そして、幸福感をもたらしていく。働くことの本質には、生涯学習が関わり、それを通して自己実現が達成される。社会貢献に取り組むことによって、対人関係を築き、幸福感が高まる。これが21世紀を生きる人々の自己実現の姿と言える。

こうした生き方セオリーを紹介していきたい。

捉えておきたいキーワード

□共存　□自己実現　□愛することと働くこと

□幸福感　□生涯学習　□対人関係

5
1
# 人生航路の基盤3要素

人生航路を歩んでいくうえで、「健康」「経済力」、そして「自らの拠りどころ」の3要素を人々が明確に意識して生きることはあまりないが、老年期に差し掛かるころになると、その重要性を徐々に意識するようになる。そして、3要素のバランスの中で、「自らの拠りどころ」の重要度がより増すことになる。本節では、このメカニズムについて、筆者の見解を論じていきたい。

## (1) 文化的生活領域から導かれる人生航路の基盤3要素

人は家庭、学校、職場などの社会生活場面において対人関係を築き、人生を刻んでいく。こうした文化的生活領域に身をおきながら、自らを高めていくことになる。心理学的視点からいくつかの基本的生活領域を想定し、どの領域に高い価値観をおくかといった研究上の関心は古くからもたれていた。

まず、シュプランガー(Spranger,E.)は、文化価値に対応する生活領域として、6領域を想定した。そして、その中のどの領域に高い価値観をおき関心を示すかによって、人間を「経済型、理論型、審美型、宗教型、権力型、社会型」の6類型に分類した(シュプランガー/伊勢田訳、1961)。シュプランガー類型論は、人生態度を考察する際に現代でも参考にされることが多い。

その一例として、日本人の生き方や価値観を捉えることを目的に、1973年から5年ごとに実施されている「日本人の意識調査」をあげることができる(NHK放送文化研究所、2015)。その中の「生活充実手段」を尋ねる質問項目において、シュプランガー類型論が取り入れられている。

具体的には、「豊かな趣味」「やりがいのある仕事や活動」「経済力」「なごやかなつき合い」、および「健康な体」の五つの文化価値を示す質問項目が用意されている。回答方法は、優先順位の高い順に1~5位の順位を振るものとなっている。

シュプランガー類型論と日本人の意識調査における文化価値の対応関係について、筆者は次のように考えた（所、2016）。

シュプランガー類型論の審美型は、日本人の意識調査の「豊かな趣味」へ、同じく経済型は「経済力」へ、社会型は「なごやかなつき合い」へ、そして、理論型と権力型が融合した形で「やりがいのある仕事や活動」へ置き換えられた。宗教型については、日本人の場合、人生態度として宗教に高い価値観をおく人が少ないため、その代替項目として「健康な体」が用意され、日本人の特性を考慮した項目内容となった。この点は、キリスト教やイスラム教などの宗教に高い価値観をおく外国人とは異なる点である。

1973年から5年ごとに大規模な調査が実施されているが、一貫して、1位「健康な体」、2位「経済力」の順位は変わっていない。日本人の人生態度として、健康と経済力に高い価値観がおかれている。すなわち、どのような生き方をするにしても、まずは健康であること、そして一定の経済力をもつことが、人生航路を歩んでいくうえでの重要基盤になっている。

そして、3位以下には、「やりがいのある仕事や活動」「なごやかなつき合い」「豊かな趣味」の3項目が続いている。3項目の優先順位には、時代変化もある程度反映されてはいるが、むしろ個人差が強く表れている。先進国である現代日本社会では、生活充実手段として何を重視するかに個性が映し出され、多様化している価値観の象徴となっている。すなわち、質問項目に含まれる「仕事・活動、つき合い、趣味」の中に「自らの拠りどころ」となる対象が投影され、それらは、健康、経済力に次いで、人生航路を歩んでいくうえでの第3基盤要素としての地位を築いている。「自らの拠りどころ」は、「生きがい」に近い概念であるといえる。

ただし、自らの拠りどころがクローズアップされるためには、第1・第2の基盤要素である健康と経済力が、一定水準を超えることが大前提となる。不健康状態である場合、あるいは経済的に困窮している場合には、第3基盤要素の充実を図る前に、第1・第2の基盤要素の一定水準確保が、最優先課題になるからである。それゆえに発展途上国の市民の価値観はほぼ一元化しており、第3基盤要素が入り込む余地は、あまり多くはない。

現代日本社会は、政治経済的な安定が得られ、すでに多くの国民が豊かさを享受している。そのため、自らの拠りどころが顕在化する条件を十分満たしている。個性が強く表れる自らの拠りどころは、超高齢社会において、より重要性を増している。老年期の期間がますます長くなり、まさに生き方の質が問われている。

また、自らの拠りどころを見つける際、われわれは何を規準にそれを見いだすのか。それは自分が生きている間、自分の内面において恒久不変の価値をもつ「変わらないもの」であるといえる。われわれは、生きていく拠りどころとなる、こうした「変わらないもの」を探し求めている。「変わらないもの」にたどり着けるかどうかが、安定した人生航路を歩むために不可欠となる。それをつかむことにより、心に安心感がもたらされ、自分自身を前へ進めることができる。それをつかんでいる人は、人生に余裕をもたらし、逆境に陥っても立ち直るエネルギーを呼び起こすことができる。逆に見いだせない場合には、自らの根源に立ち返れず、逆境に陥ったときにはもろさが露呈しがちである。

心に安らぎと生きる力を与える「変わらないもの」を見いだしていくためには、第1章で示したフロイトの言葉「愛すること」と「働くこと」が深く関わる。そして、故郷に対して自らの拠りどころを求める人が少なくないことに注目したい。故郷とは、自らの児童期・青年期を呼び起こし、人生における原点回帰のまさに象徴的な場といえるからである。

## （2） 自らの拠りどころを構成する2要素

フロイトの言葉「愛することと働くこと（Lieben und Arbeiten）」は、アイデンティティー概念の根幹に位置づけられ、時代を越えた不変の概念となっている。超高齢社会を生きる日本人にとって、人生100年時代を生きるための、まさに「自らの拠りどころ」であり、人が生きている間、その内面において恒久不変の価値をもつ「変わらないもの」となっている。概説していきたい。

### ① 愛すること（共存）：故郷へのアイデンティティー

20世紀終盤の日本社会において、時代を越えて愛された映画の一つに「男はつらいよ」がある。映画の舞台となった東京葛飾・柴又は、山田洋次監督によって26年間（1969～95年）、変わらないものとして描き続けられた。そのモティーフは、この映画の主人公・寅さんにとって、「故郷とは変わってほしくない場所」という思いを通して強く表現された。山田監督自身、幼少時満州で育ったため、故郷に対しては特別な思い入れがあり、その思いが、こうした形で現れたとされる。

映画制作に費やした26年間、現実の東京葛飾・柴又は大きく様変わりした。道路は舗装され、ビルが建ち、赤電話は消えていった。変わらない姿をいかに映し出していくか、スタッフはたいへんな苦労をしたという。その努力が実を結び、寅さんは多くの日本人に愛され続けた。変わらない故郷とそこにたどり着いたときに浸れる安心感を皆が求めたからである。

原点に戻り、自らのアイデンティティーを確認する際に、まず思い浮かぶ場所が、故郷なのである。「故郷とは、変わらないものの象徴的存在」といえる。人生に悩み、今後の方向を考えるとき、故郷を振り返ると、大きなヒントをくれることがある。拠りどころのない変化は、決して進化とはいえない。

時代の変革に適応しながら、自らも変化を遂げていくことは重要なことではあるが、拠りどころをもった変化でなければならない。時代の波に翻弄され、自らの本質を見失った変化を強いられると、遠からず不適応を起こす。大変革を遂げつつある現代社会には、こうした不適応に悩んでいる人が少なくない。1998年から15年連続で続いた年間3万人を超えた自殺者数、そしてその7割が中高年男性であるという事実がそれを物語っている。

ちなみにヨーロッパでは、新しい街ができても、古い場所も残っている。それによって、文化のレゾンデートル（存在価値）が見いだせる。やや極端な例ではあるが、エジプト・ルクソール西岸にあるハトシェプスト女王葬祭殿付近の光景は、4000年前とあまり変わっていないといわれる。現地観光ガイドから聞いた驚くべき話である。政治情勢によっては近づけない時期もあるが、筆者が訪問した1989年初頭には、世界各国から多くの観光客が現地を訪れていた。わずか数日間の滞在ではあったが、日本とは比較にならない緩やかな速度で時間が動いていることを肌で感じることができた。ゆっくりとした足取りで街を歩き、所定の場所で腰を下ろし、のんびりと1日を過ごしている老人、筆者の現地滞在中、そうした人に何人も出会った。この人は、おそらく明日も明後日も、こうした一日を送るのだろうと思われた。

一方、日本であるが、100年前の光景がそのまま残っている場所はどのくらいあるだろうか。根こそぎ変わってしまうことが多いため、ほとんどないように思われる。近年では、各地域の文化遺産を見直す動きが出てきているが、こうしたことへの反省なのだろうか。19世紀後半以降、急激に進んだわが国の西欧化政策導入は、もちろん多くのプラス効果をもたらしたが、マイナス側面も含んでいる。多くの分野の日本人が、欧米先進諸国に追随することだけに労力を費やし、自らの足元に目を向け、それらを国際的舞台に対して発信していく重要性にしばらくの間、気づかなかったからである。

研究の世界でも、一昔前は、欧米の研究成果を日本に紹介できる研究者が優れた研究者の証しとされた。しかし、徐々に変化の兆しがみられ、諸外国の研究者が、日本国内に眠る優れた研究成果に関心を持ち始めており、それらを国際的舞台で英語を用いて発表することを日本人研究者に対して求めている。筆者は、海外渡航を積み重ねることにより、このことを初めて知ることができた。

海外在住の日本人は、故郷へのアイデンティティーが強く、自らが日本人であることを意識して海外で生活しているという共通性がある。日本国内にいるときは、自らが日本人であることや日本文化を、日々意識しながら生活するということはないが、海外生活を始めると状況は一変する。現地の人々が自分を日本人と意識して接してくるため、自分自身が日本人であるというアイデンティティーをしっかり持つ必要に迫られるのである。その結果、日本人としての持ち味を生かした自らの生活空間を見つけ、生きている日本人が多くなる。家族と共に体験した筆者のイギリス在外研究で得た発見である。

人間は前へ進んでいく必要がある。そのためには、軸足が定まっていなければならない。すなわち、不変の部分が絶対に必要である。故郷への思いは、皆に共通なアイデンティティーを与えている。故郷を訪ねることによって古い友人と再会し、しばしの会話を楽しみながら、自らの人生を振り返り、新たな活力を得ることは、多くの大人が経験していることである。あるいは、墓参を行い、故人を偲び、心の中で故人と会話を行い、故人の心の一部に触れることができる。人生の途上で故人（とりわけ両親）からの助言が必要なとき、墓参を行い、故人の助言を心の耳で受けとめることがある。

愛することについては、「自分が人を必要とし、また人も自分を必要とすること」を意味すると筆者は解釈した。愛することの本質には、「共存」「共生」「利他主義」といった概念が深く関わる。現在の日本社会では、各発達段階において、愛の喪失が顕在化している。親が子を思う気持ち、また成長した子が年老いた親をいたわる気持ちは、自らを育んでくれた故郷を思い起こすことによって蘇える。故郷への回帰が、人生航路の基盤３要素の一つである自らの拠りどころに対して光を当てて、新たな活力を与えている。そして、「幸福」をもたらすのである。

② 働くこと（自己実現）：文化創造活動のための学習

働くことには、人間の主体的部分が深く関わり、それを通して自分の持つ能力を発揮し、学習し、自分自身を高めていくことができる。そして、最終的な到達目標である「自己実現」を図ることができれば、人は大きな満足感を享受できる。

人は働くことを通して、社会との結びつきが得られ、生活の安定が確保される。働くことは、会社などの組織に所属しながら、対人行動、集団行動、さらには組織行動を通して行われることが多く、1人で達成できる範囲はほとんどない。しかし、「自己実現」は、1人で達成される点に注目しなければならない。アイデンティティー概念の根幹に位置づけられ、まさに「自らの拠りどころ」になっていることを忘れてはならない。自らの内面において恒久不変の価値を持つ「変わらないもの」となっているということである。

他者から与えられた仕事を従属的に処理するだけの職業人であったとすれば、決して自己実現を達成しているとはいえない。自らを高めるための「文化創造活動のための学習」を並行的に行うことによって、自己実現が達成される。かつて、自らの夢を次々に実現させたアメリカンドリームの真実の中に21世紀日本人の自己実現に対する道標が見いだせる。以下に概略を述べたい。

21世紀にはアメリカンドリームは起こらないと考える人が増えている。アメリカでも格差社会が定着し始めているからである。20世紀後半までは、皆に平等にチャンスが与えられていたが、21世紀は必ずしもそうではない。

アメリカンドリームの変容ぶりをすでに感じていた筆者は、2002年刊の自著でニューズ・ウィーク誌を引用し紹介していた。概要は次のとおりである（所、2002）。

移民1世のアジア系アメリカ人は、炭鉱労働者や農民として馬車馬のように働き、アメリカンドリームを実現していった。ゆとりのできた彼らは、2世世代に対しては医者や技術者などのエリートとしてアメリカ社会へ同化することを求めた。このことを実に小さなアメリカンドリームであると嘆いたアジア系アメリカ人がいる。なぜならば、同じ移民である黒人アメリカ人は、アジア系と比べて決して経済的に裕福ではないが、ラップミュージック、キング牧師、スパイク・リーなど、皆に強い共感を与えた黒人文化を20世紀のアメリカ社会に遺し、歴史の中で燦然と輝き続けているからである。アジア系もこうあってほしいと訴えている。

アメリカンドリームとは、いい車に乗って、いい家に住んで、物的に満ち足りた生活をすることだけでは決してないはずである。そのためにまた働き、稼ぎ、そして消費する。購買欲には限度がないため、さらに働き、アリ地獄に陥る。安い商品を作らせるために、グローバル現象によって発展途上国の労働者を低賃金で働かせ苦しめる。悪循環が起きてしまっている。これを断ち切る必要があることに皆が気づき始めている。

20世紀後半、日本人はアメリカンドリームのミニチュア版を追いかけてきた。太閤秀吉の現代版的な政治家や企業家を何人も輩出し、世界に冠たる経済大国が築かれた。そして、国民生活も豊かになった。しかし、中国をはじめアジア諸国の台頭により、21世紀における日本人の夢はなかなかみえてこない。他国にはない超高齢社会の展開の中で、どのような夢を実現していけばよいのか。

外からの報酬（金、権力、地位、名声など）を求めることは、幸福にとって逆効果となる場合もあることにわれわれは気づかなければならない。

仕事の目標から、経済的報酬の多寡を切り離すことによって、幸福に結びつけたイギリス人料理人がいる。当初の彼の仕事は、世界中から食材を集めて、豪華客船上で億万長者のために世界中を旅しながら料理をすることであった。しかし、この仕事には精神性が存在せず、疑問を抱き始めた。お金では得られない仕事との関わり方が存在するからである。彼は、人々のために仕事をすることに人生の価値を見いだし、新たな人生を踏み出した。スコットランド出身の彼は、自給自足の人口500人の村で、有機野菜栽培を始め、それらを用いた料理づくりに傾注している（NHK総合、2014）。まさに、彼の新たな「学習」が始まったのである。エコビレッジの中で、料理を通した地域貢献をしていくことで、彼は自らの拠りどころを見いだしたのである。こうして、幸福感も確実に高まっていくといえる。

21世紀を生きる日本人は、商業主義を廃して日本人が創り出した文化的価値を後世へ伝えていくことに夢を切り替えてみてはどうだろうか。日本人が創り出した素晴らしい文化はたくさんある。われわれはそれを世界へ発信することにより、持続可能な社会への貢献ができると思う。

## 5-2 幸福をもたらす仕事との関わり方

幸福度の高い国として、スカンジナビア、西欧、北米の先進諸国が名を連ねている。日本は上位ランク入りしておらず、中南米諸国がアメリカよりも上位ランクにあることから、幸福をもたらす要因として、「他者への投資・社会貢献」が注目されている。人を支えることで、自らの幸福感が高まるというメカニズムの存在である。

「愛すること（共存）」は、「幸福」をもたらし、「働くこと（自己実現）」は、時代に適応していくための「学習」を求めている。目まぐるしく変化する21世紀社会は、この時代を生きる人たちに対して、取り組むべき課題を次々に提示している。新しい課題に取り組むためには、学習が不可欠であり、自らを高めるための「文化創造活動のための学習」は、21世紀社会を生きる老若男女に求められている。社会貢献に取り組むことによって、対人関係を築き、幸福感が高まっていく。これが21世紀を生きる人々の自己実現の姿といえる。本節では、幸福をもたらす仕事との関わり方について考えたい。

## （1） 仕事への取り組みスタイル3類型

仕事をするということは、社会とつながりを持ち、自己実現を行う重要な手段となる。仕事を通して満足感を見いだし、さらに幸福感を享受するためには、目前の仕事だけでなく、長期的なスパンで自らの仕事を見通すことが重要になる。

仕事に対して、どのような価値観で対処するかによって、以下の3タイプに分類できる（労働政策研究研修機構、２０１６／ＮＨＫ総合、２０１４／ＮＨＫ「幸福学」白熱教室制作班、２０１４）。3タイプは、Job orientation（人と仕事との関係）による区分である。

① Job：仕事を単なる「労働」と位置づけるタイプ。働く動機は「報酬」以外には存在しない。仕事が好きなわけではないため、休憩や1日の終わりにタイムカードを押すことだけを心待ちにしている。給料のよい職場があればすぐにでも転職してしまう。このタイプの職業人は、特定職種に偏在するわけではなく、運転手にも弁護士にも存在する。すなわち、職種ではなく、働く動機による分類であることを強調したい。

② Career：「経歴・職歴」が向上しているという実感をもって仕事に取り組むタイプ。目前の仕事をもっとよい仕事（例えば、より高い地位、オフィス、プロジェクトなどの獲得）への踏み台とみなす。したがって、必ずしも現状に満足していなくとも、将来の姿を夢見て当面の満足感を充足することがしばしばある。

③ Calling：「自分の仕事には社会的意義がある」という実感をもって仕事に取り組むタイプ。このタイプに属する人たちは、たとえ報酬がなくても、この仕事をやってもよいという感覚を持つ。仕事がアイデンティティーと深く結びつき、大きなストレスもなく、集中力を持って仕事へ取り組

む。仕事がおもしろくてのめり込むことも少なくなく、休暇中でも仕事のことを考え、仕事の続きを行うこともある。ワーカホリックとは一線を画してはいるが、類似点も少なくない。３タイプの中で、最も幸福度が高い。

## （2） 仕事との関係を Calling の形にしていくには

Job orientation（人と仕事との関係）による3タイプは、固定したものではなく、状況によって変化する。すなわち、仕事に対する気持ちの持ち方が変われば、自らが属するタイプも変わる。自らの仕事を自分にとって価値があると思えるように修正することが求められる。以下に述べる三つの方法があり、Job crafting と呼ばれる（ＮＨＫ総合、２０１４／ＮＨＫ「幸福学」白熱教室制作班、２０１４）。

① 積極的に社会的交流量を増やし、質を高めていく

例えば、美容師の仕事について。本来業務は調髪や染髪であるため、客との会話はなくとも業務は遂行できる。しかし、客との会話を通して自らの仕事に意義ややりがいを見いだしている美容師が多い。仕事を通して、客と人間関係を築き、その幅を広げ、仕事の手応えを実感している。そして、本来業務のほうにも好影響がもたらされている。

② 仕事の目的を高い次元で見直し、単調な仕事の中に意義を見いだしていく

例えば、地方都市・大病院駐車場と病院入口を往復するシャトルバス運転士の仕事について。１日50往復以上の単調な送迎労働を行っている。この仕事を決して単純労働と割り切らず、患者や付添家族と会話を重ねることにより、自らも病院医療スタッフの一員であるという誇りを持って仕事

に従事する運転士も少なくない。また、幼稚園送迎バスのアシスタントについても同様である。園児や保護者から「バスの先生」と呼ばれ、保育業務の一端を担っているという誇りを持って仕事に取り組んでいる。

③ 仕事のやり方や範囲を見直す

例えば、入院病棟の清掃員の仕事について。長期入院患者の病室壁にかけられていた2枚の絵を左右入れ替えた。緊迫した状態が続く入院患者を元気づけようと日常の中に細やかな変化をもたらしたとのこと。患者およびその付添い者は心に一筋の清涼感が得られたという。誰も清掃員にそうした仕事を頼んでおらず、それを行っても給料が上がるわけでもない。清掃員は、入院患者の喜ぶ笑顔を想像して、自分のアイデアで一工夫加えたとのこと。小さな実践が、皆に潤いをもたらし、仕事のやりがいを高めることになった。

## (3) 対人関係が苦手な人はどうすればよいか

幸福をもたらす仕事との関わり方は、いずれも対人関係がカギになっている。日々の生活の中で、円滑な対人関係を苦もなく築ける人がいる反面、なかなか友人ができない人もいる。社会生活を送るうえで、対人関係の問題で悩みをかかえている人は少なく、そうした人たちが、仕事を通して幸福感を見いだしていく方法を心理学は思案しなければならない。

対人関係が苦手な人は、自分の殻に閉じこもらず、自分の納得のいくように、何らかの形で「周りの世界」と関わりを持つことが大切であると指摘する精神医学者がいる（稲永、1997）。人にはそれぞれ流儀があり、必ずしも皆と同じにする必要はないとのことである。実際に人に会うのではなく、本を書いて人に読んでもらうとか、遠く離れた友人と手紙のやり取りをするとか、いずれもたいへん意義深いことであると稲永は指摘する。

『ファーブル昆虫記』を遺し、歴史的にも知名度が高いファーブルは孤独を愛した人物であるといわれる。ファーブルは、人と付き合う代わりに昆虫たちと付き合い、そのふれ合いの記録を本に著して、人々に知らせることに意義を見いだしたと理解できる。ファーブルは決して人を拒絶していたわけではないことがわかる。人と付き合わなくとも、動物を飼う、植物を観賞する、あるいは読書を通じて間接的にその著者と精神的なつながりを持つことも対人関係の一つといえる（所、2002）。

1日24時間の中で、誰にも会わない、まったく会話しないという人は、まずいない。その中で、うわべだけ笑顔をふりまき、やさしい言葉をかける必要はない。その代わりに、入口のドアを押さえてあげたり、お年寄りの手助けをしたり、あるいは、道路上で右折車に対して道を譲る（イギリスの〝Give Way〟）などの行為は、立派な対人関係の遂行といえる。前項で紹介した「入院病棟の清掃員の細やかな気遣い」なども見事な対人関係の現れである。こうしたことの積み重ねを通して、対人関係を感じとり、幸福感がもたらされていく。

## 5/3 生き方のヒント

人生航路の基盤3要素として、「健康」「経済力」「自らの拠りどころ」が存在し、生き方の多様化が進む先進諸国においては、第3の基盤要素「自らの拠りどころ」の重要性が増している。前節において、自らの拠りどころを構成する2要素について分析を行い、対人関係の重要性を指摘した。これを受けて本節では、生き方のヒントになる先達の知恵を紹介したい。

### （1） 日野原重明氏が提唱した「生き方3原則」

生涯現役を志し、100歳を超えても著作発表や講演活動などを行い、超高齢社会に光を与え続けた内科医・日野原重明氏が2017年7月に105歳の人生に幕を閉じた。本節では、含蓄ある日野原氏の言葉を紹介しながら、生き方のヒントを探っていきたい。

日野原氏は、自らの強い意思で栄養点滴や人工呼吸器の使用など、延命措置は行わなかった。死に際に何度も「ありがとう」を繰り返したとのことである。日野原氏は、赤軍派によってハイジャックされた1970年の「よど号」に乗り合わせ、死を覚悟した経験を持つ。当時58歳であった日野原氏は、「その後の自分の命は、社会のため、人のために使うのだという使命感に染まった」と家族は振り返える（『読売新聞』2017年7月19日付）。

「自分以外の人のことを配慮して生きてきた、その『時』こそが、その人の寿命の長さではなく深さである」ということを、若く散ったが、よく生きた友から学ぶと。そして、自分中心に生きてきた時間に、こうした『時』を加える努力をすることが、生きがいをもつことにつながるとし、高齢者に対して、これからでもよいから取り組むことを奨め続けた。そして、75歳以上の「自立し感謝して生きる人、創造的に成長する人」をNew elder citizenと名付けて、社会参加を呼びかけていった（所、2002）。

2013年6月に大阪で開催された日本老年学会総会では、「老年学の過去、現在と将来」というテーマで特別講演を行った。１０１歳の日野原氏は、用意された椅子にまったく座ることなく、50分間立ったままスライドを駆使しながら熱弁を振るった。当日の筆者のノート記録をもとに講演のエッセンスを紹介したい（日野原、２０１３）。

老化を防ぐための心構えとして、「生き方3原則」が提示された。

① 愛し愛されること（to love）

② 新しいことを創《はじ》めること（to commence or to initiate）

③ 耐えること（to endure）

併せて、「自分の運命をデザインする」ことに関して、次のように説明された。「運命とは、与えられた宿命と考えるべきだが、これからのあなたの運命は、あなたがデザインするのです。日野原重明」

日野原氏による「生き方3原則」について、筆者の解釈を加えたい。

第1の「愛し愛されること（to love）」は、他人に対する配慮・親切と解釈され、フロイトの言葉「愛すること」に通ずる。すなわち、共存・利他主義の概念と結びつき、これが幸福感の享受へとつながっていく。

第2の「新しいことを創めること（to commence or to initiate）」は、時代変革に適応していくための「学習」に通ずる。これは、フロイトの言葉「働くこと」と結びつき、これが自己実現へとつながっていく。

第3の「耐えること（to endure）」は、「欲張らない」、あるいは「諦め」を意味する。すなわち、現状に不満を抱いても対立や衝突を極力回避し、「受け入れること」の重要性を示唆している。ただし、すべてを受け入れろといっているのではなく、長年の人生経験から一定の我慢の必要性を説いている。簡単に諦めてはいけないが、決して無理はしないということである。

生き方3原則を日本人高齢者に照らしてみると、女性のほうが①~③の条件を満たしているように思える。男性の場合、仕事中心の人生を歩んできたため、自分中心に生きてきた人が多く、日々の生活の中に新しい発見を見いだすことも難しくなっている。次項では、こうした分析を展開していきたい。

### (2) 高齢女性の生き方から学ぶ

欧米主要国の調査では、年齢と幸福度の間にはU字型の関係が見いだされ、若者と高齢者は中年層よりも幸福度が高い。これに対して、日本では、高齢期の幸福度は中年期よりも低く、とりわけ男性の幸福度が女性と比べて明らかに低い。男性高齢者が老いを受け入れられず、戸惑い続け、価値観が中年期とあまり変わらないためとされる。

日本の男性は、60歳の前と後で生活が大きく異なる場合が多い。この大きな変化に適応できず、それが幸福感を低下させているとみられる。一方、女性の60歳は単なる人生の通過点であり、その後円熟味を増していく。高齢男女の生活スタイルの違いは対照的である。周辺要因を分析してみたい。

第1に、家事に占める時間に関して、男女で決定的な差がある。共働き家庭であっても、炊事・洗濯・掃除の担当者は女性であるのが日本の家庭である。そのため、家庭の中で主導権を握るのは必然的に女性となる。子育てに関する主な担当者も女性であるため、子どもは母親になつく。女性は子育てを介して人間関係を地域社会の中で形成することも少なくない。これは男性が仕事で作った人間関係とは質的に異なり、利害関係のない安定感のある関係であるため長続きする。これらが幸福感を高めるうえでたいへん役立つ。

第2は、日本に伝統的に根付く男性優位社会である。それゆえに日本女性は、これまで多くの局面で男性に対して一歩身を引くことを強いられた。理不尽ともいえるこの伝統が、多くの女性に他人への配慮の態度・行動を育ませることに対して、結果的にプラスに作用したとみられる。そして、謙虚な態度・行動は、敵をつくらず、皆から慕われることになり、幸福感を高めていった。年配の古い世代の女性であればあるほど、この傾向がより強い。

第3は、高齢女性は、社会的成功や物質的豊かさを必ずしも人生の目標にしていないということである。目に映るもの、心に感じるもの、その一つひとつを楽しみながら生きてきた。細やかな家事労働、小さな家庭行事であっても、努力や工夫を重ね、学び、自分自身を高めていった。こうした積み重ねが幸福感を高めることにつながった。

日本男性も若いうちから家庭や地域と積極的に関わることが大切である。発想を切り替えて、今後は家庭生活や地域社会への貢献を目標に自己実現の課題を見いだすことが求められる。具体的には、自分の持つ能力を総点検し、「地域社会のために今の自分は何ができるか」を原点に立ち返って考えることが大切である。そして、小さなことに喜びを見いだし、謙虚な態度・行動をとることを心がけてはどうだろうか。そうすれば高齢期に幸福度が高まるはずである。

一方、日本女性が男性と同じように積極的に職場進出を行っていくと、逆に幸福度が低下してしまうことが懸念される。それを避けるには、仕事・家庭・地域の各分野で男女が役割分担していくことが不可欠となる。それによって、日本も欧米主要国のように高齢者の幸福度が高い国になっていくことを望みたい。

### (3) 家庭でのキャリア教育のヒント

２０３０年代には今ある職業の約半分が消える、あるいは現在の小学生のおよそ3分の2は、大学卒業時に今は存在しない職業に就かざるを得ないといった予測が、英米の研究者から次々に出されている。いずれもＩＴ革命の進行に伴う、産業界の激変が背景にある。

学校現場で学ぶ子どもたち、そして若手社会人は、今後の社会で生きていくために、どんな準備が必要なのかわからず、不安を隠せない状態にある。確かに現在重視されている実務知識は徐々に不要となり、それに替わって、新たな知識とスキルが新産業の成長を支えることになる。新しい知識とスキルをいち早く見極めて準備しておきたいが、それは簡単にはわからない。社会環境が激変しても、仕事をするうえで変わらない根幹となるものが必ず存在するはずである。それを見極めて力を蓄えておくことが、将来を見据えた準備に他ならず、それが、現在のキャリア教育に求められている。

キャリア教育の発祥は１９７０年代のアメリカとされる。当時、若年求職者が急激な社会変動や産業構造の変化についていけず、彼らに職業人としての能力を身につけさせるために教育現場で始められた。未来を展望した、より早い発達段階からのキャリア教育が必要視された点で、当時の状況は現在と似ている。

キャリア教育は、子どもたちが自分たちの生き方を学んでいくプロセスを大事にし、教育よりも学習の観点が重視されなければならない。加えてキャリア教育は、プロとして教えられる人が数少ないため、教える側も教わる側も、まず自分が勉強し、それを後進に伝授するといった姿勢で臨まなくてはならない。教員はキャリア教育の指導者ではなく、支援者であることを認識する必要があり、学び続ける姿勢を忘れてはならない。キャリア教育を通した教員自身の自己変革が迫られている。

キャリア教育の原点は家庭教育にあると筆者は考える。子どもの就職に関して、「子どもには好きなこと、やりたいことをさせたい」という親がおり、あたかもこれが、子どもの自主性を尊重したよい親であるかのように誤解されていることも少なくない。しかし、これは決してほめられたキャリア教育とはいえない。「やりたいこと重視」の子育てが、結果的に「やりたいことを見つけられない」多くの子どもを生み出しているからである。キャリアアンカーが定まらない子どもに対して、「やりたいこと重視」の家庭教育は親の責任放棄といわれても仕方がない。「何をやるかは自分で考えろ」の方式で親から突き放された子どもが、人生に迷うことはむしろ当然である。

価値観の多様化が進む現代においては、「ああいう風になりたい、あんな職業に就きたい」といった一元的なモデルが、そもそも確立しにくくなっている。加えて１９９０年代以降、従来型のいわゆる日本的社会システムが悉く否定されており、大変革の最中を生きる若者にとって、現代はまさしく「生き方モデルのない時代」になっている。そのため、人生設計のための社会的支援が求められている。人生１００年時代、生涯発達が問われる超高齢社会の中で、今生きているすべての人間に対して、21世紀中盤の日本社会をどう生きていくかといった課題が突きつけられている。

こうした時代においては、職業を持ち社会との接点を数多く持つ父親が、子どもの持ち味を十分に分析し、職業人の先輩としていくつかの生き方モデルを彼らに提示することが求められる。そして、子どもはその中から自分に合った生き方モデルを選択し、自らのキャリアアンカーを確立していくべきであろう。それによって子どもは自力で生きる道を切り開いた達成感を享受し、自分自身に誇りを持つことができる。これがまさに家庭におけるキャリア教育であり、父親によるキャリア支援であるといえる（所、２００６・２０１１）。

# 第6章

# 働き方のセオリーを探る

日本社会は世界でも類を見ない超高齢社会へ突入しているため、年金財政が厳しい状態に追い込まれることが確実視されている。21世紀中盤以降を生きる日本人は、まずは経済的理由で、老年期（80歳頃）まで働かなければならない。そして、時代変革の狭間にある現代は、親世代と子世代が共に知恵を絞り、「働き方」を模索する必要がある。

本章では、現時点で考えられる探索的セオリーを紹介したい。日本人大リーガー・イチロー選手を突き動かす三つのポイントと「働き方」を方向づける2理論との整合性が見いだせる点がたいへん興味深い。

捉えておきたいキーワード

□キャリアアンカー　□計画された偶発性　□無形資産　□変身資産　□40歳リセットモデル　□百寿者

## 6/1 親世代を支えた社会システムの崩壊

多くの男性に対して、高度経済成長期から１９９０年代前半あたりまで続いた「学校を出たら正社員で終身雇用」という社会システムは、今や完全に崩壊している。まさに、21世紀序盤を生きる若者たちの親世代を支えた社会システムの崩壊である。当時は、若者を受け入れた会社が、一定の責任を持って若者の将来を支える「見えない社会保障」が機能していた。需要が増えて雇用も増える「拡大・成長モデル」が維持されていたことも、この社会システムの継続を後押ししていたといえる。

25～34歳の非正規労働者割合は、１９８８年には10・７％であったが、２０１７年には26・３％まで上昇している。そして、今や15～39歳の若者の16人に１人が無業であるといわれる（『朝日新聞』２０１７年８月３日付）。無業の若者のうち、４分の３の人たちは働いた経験をもつため、「今の若者たちは努力が足りない、苦労を知らない」と、親世代は口にすることもある。

しかし、その指摘が必ずしも当たっているわけではない。親世代の雇用は、「見えない社会保障」と「拡大・成長モデル」によって維持されてきたからである。そうした社会保障が完全崩壊している現代を生きる子世代に対して、自助努力のみを課すことはかなり酷である。子世代からすれば、「がんばれ」と言われても、「どのようにがんばったらよいかわからない」と不安げに答えるのは当然かもしれない。また、励ましている親世代も、子どもたちに対して、がんばり方に関する具体的助言・指導をできる人は、非常に少ないと思われる。

時代変革の狭間にある現代は、親世代と子世代が共に知恵を絞り、「働き方」を模索し、そのセオリーを探索していく必要がある。決して永続的なセオリーではなく、人生半ばにおいて、見直すことが十分ありうるセオリーであって構わない。21世紀を生きる子世代は、親世代よりもはるかに長く、仕事と関わり続けるからである。人生途上での見直しは、むしろ当然である。本章では、そうした「働き方のセオリー」を探っていきたい。

## 6-2 「働き方」を方向づける2理論

生き方と結びつく「働き方」研究は、主に次の二つに集約できると筆者は考える。

第1は、一人ひとりが悩み苦しみ、さまざまな道筋を経て、職業決定に至る過程をどのように理論化するかといった、いわゆる「働き方のセオリー」に関する研究領域である。

第2は、職業生活において、壁に突き当たっている人のための援助行動に関する研究領域である。前記二つの研究領域において、筆者は、これまでにさまざまな研究理論を調査してきた（所、2011・2016）。それをもとに、本節では、本章の趣旨に合致する以下の2理論のエッセンスを紹介したい。

### （1） 第1理論：人生航路の羅針盤「キャリアアンカー」

人々が仕事絡みの人生問題に悩むとき、彼らが直面する問題は、彼らの保有する知識・技能や興味の範囲を越えてしまい、今までの対処法では解決できないことが多い。そのため、キャリアカウンセラーは、来談者に対して既存の能力や特性に基づく意思決定ではなく、自らの能力や興味を広げていくといった「新しい学習」を促すことになる。

シャイン（Shein. 1996）によれば、以下の三つが有効な問いかけであるとされ、これをもとに自己啓発につなげることができる。

①何が得意か（才能と能力）

②何をやりたいのか（動機と欲求）

③何をやっている自分が充実しているか（意味と価値）

実践的な意味では、自己啓発のツールとしての役割を果たすが、理論的には、キャリアアンカーを診断する技法と理解されている。これまでも述べたとおり、アンカーとは船の錨《いかり》を意味し、キャリアアンカーは、仕事における最も重要な価値観を意味する。すなわち、「キャリアアンカー＝人生航路の羅針盤」ということができる。シャインは主なキャリアアンカーを八つに分類して紹介しているが、重複する領域も存在し、必ずしも8分類することが適切とはいえないと筆者は考える。

21世紀に入ってからの日本の産業社会では、「若者はなぜ3年で辞めるのか」が注目されている（城、２００６）。自分が入れそうな企業に明確な意志を持たずに入り、肌に合わないと感ずれば、短期間でも抵抗なく離脱する傾向が続く。「事務はデスクワークばかりで単調でつまらない。営業は毎月ノルマを課せられて大変だ。コンピュータが得意なのでＳＥ（システムエンジニア）をめざしたが、夜勤など変則勤務が多いので辞めた。資格取得をめざして専門学校へ通い始めたが、勉強が難しいので続かない」というように現代の若者たちは、情熱や希望が続かず、わずかな障害にぶち当たっても挫折することが多い。

また、雇う側も、若者に対して、20世紀中盤から後半にかけて、日本企業において組織的に行われてきた将来展望を持った人材育成教育を放棄してしまっている。そして，目先の利益をあげることのみへと目移りしてしまっている。

働く目的や人生設計を考えたうえでの離職であれば説得力を持つが，単なる現実逃避であるならば，同じことを繰り返す危険性が大である。離職を機に自分の人生航路の羅針盤を真剣に考える若者が増えていくことを期待したい。それと同時に，就活を始める前に，こうした心の羅針盤を定めてほしいものである。闇雲に企業訪問を繰り返してもよい結果は生まれない。仕事を通して自分が実現したいことは何なのか，社会に対してどのような貢献をしていきたいのか，ぜひとも考えてほしいものである。単に会社の歯車になるだけの存在だとしたら何と哀しいことだろう。これは，就活時や転職時に限っていえることではなく，人生全般においていえることである。人生においてキャリアアンカーを持っている人はつらいときもぶれずに耐えて乗り越えていくことができる。

**（2） 第2理論：偶然の積み重ねが経験を形づくる「計画された偶発性」**

予期しない人との出会いや事態の変化によって，自らの人生が好転したり，あるいはその逆になったりしたことを，多くの人たちが経験している。そのため，個人のキャリアは，予期しない出来事の積み重ねでつくられるというキャリア理論が注目されている。この理論の提唱者であるクルンボルツ（Krumbolz, 1994）によれば，「キャリアの8割が予期しない出来事や偶然の出会いによって決定される」とのことである。そして，そうした偶然によって形づくられた機会が，「自らの主体性や努力」によって，さらにステップアップの機会へつながっていくというのがクルンボルツ理論の核心的部分である。

自らの主体性や努力に関して、クルンボルツらは、日ごろから積極的行動をしている人には「計画された偶然の出来事」が起こる確率が高まるとし、そのための条件として、以下に示す「五つの行動特性」をあげている（Krumboltz, Levin, 2002）。

①好奇心：たえず新しい学習の機会を模索し続けること
②持続性：失敗に屈せず、努力し続けること
③楽観性：新しい機会は必ず実現する、可能になるとポジティブに考えること
④柔軟性：こだわりを捨て、信念、概念、態度、行動を変えること
⑤冒険心：結果が不確実でも、リスクを取って行動を起こすこと

前記の五つの行動特性を備えていれば、本当に自らに幸運をもたらすような偶発性を呼び寄せることができるのか。これに第1理論の知見、キャリアアンカーが加わることを忘れてはならない。すなわち、仕事を通して自分が実現したいことは何なのか、社会に対してどのような貢献をしたいのかといった自らの価値観が定まっていなければならない。いわゆる人生航路の羅針盤が不可欠なのである。

人生航路の進行方向に向かって、積極的姿勢で臨み、常にアンテナを高く立てていれば、自らに有用な情報や人は、自ずと相手方からやってくる。すなわち、キャリアアンカーが明確であれば、アンテナの高さと感度が自然に増し、日々の生活における何気ないことの中からも、有用な情報として的確に捉え、ものにする確率が高まる。逆にキャリアアンカーがあいまいであると、有用な情報が近くに存在しても見逃してしまう。

人生に成功している人は、キャリアアンカーを明確に定め、五つの行動特性を備えて自らの人生

に対処し、チャンスを見極め、確実にものにしているといえる。

自らの価値観に基づく理想像を胸に描き、それが未来における遠い目標となり、そこに到達するための戦略を考えることが、いわゆる人生設計である。未来へつながる自らの信念を確立し、五つの行動特性をもって日々のさまざまな出来事に対応していけば、チャンスを見極め、ものにできる可能性が高まる。そして、最終的にその人の人生航路が着実に成功へと前進していくことになる。

クルンボルツ理論を包括して渡辺（2003）は、「学習する人間の姿が一貫して強調されている。これは、現代のような変化の激しい時代に生きるわれわれが、こうした環境に十分適応可能であることを示唆しており、キャリア問題に直面している人々に勇気を与えるものである」と述べている。自らの生き方に関する価値観（信念のようなもの）を確立し、学ぶ姿勢を持って現実の問題に対処していけば、必ず道は拓けるということを示唆している。

## 6-3 日本人大リーガー・イチローから学ぶ

プロスポーツ選手の競技に対する真摯な取り組み姿勢から、働き方を学ぶことができる。厳しい練習を行っても、試合で結果が出るとは限らない。評価は結果で下される。それがプロスポーツの世界である。自己分析を行い、目標を立て努力するプロセスは、クリエイティブな労働と似ている。特にスランプを克服して立ち直った選手からは、職業生活に活かせるものが少なくない。

歴史的名選手の記録を次々に塗り替えてきた日本人大リーガー・イチロー選手（本名：鈴木一朗、1973年生、1992年日本プロ野球入団、2001年米大リーグ移籍）の野球への取り組み姿勢には、働き方の理念の存在を思わせる。そこで、イチロー選手に関する長年にわたるマスコミ取材報道を分析し、働き方の理念を模索した。

方法は、まず報道されたイチロー選手自身の発言内容、および周辺者のコメントから、イチロー選手を突き動かしていると思われる三つのポイントを抽出した。次に、本章で提示した「働き方を方向づける2理論」との整合性を検討した。以下に概略を述べたい（所、２０１６）。

## （1）　イチロー選手を突き動かす三つのポイント

### ①　自己分析から見いだされた信念

「野球を続ける上で変わらない大切なことは何か」と問われると、イチローは少しだけ考えて、「僕が僕であり続けることですね」と答えている（『朝日新聞』２００８年7月30日付）。これはどういう意味か。

パワー全盛の大リーグで、イチローはパワーに迎合せず、持ち味の「スピード」にこだわり続けた。それが「イチローがイチローであり続けること」の真意と解釈できる。かつてイチローは、こうも答えている。「僕のプレイヤーとしての評価は、ディフェンスや走塁ぬきには測れない。どの部分も人より秀でているわけではなく、すべてはバランスと考える。打線が苦しいときには、守備と走塁で流れをつくるのが野球の基本」（イチローの名言、２０１５）。

イチローは、こうした強い信念を持って長年野球を続け、その結果、毎年安打を積み重ね、40歳を超えても大リーグで必要とされる選手となった。38歳時にヤンキースへトレードされたが、「38歳ながら、走れて、守備よく、小技ができるイチローはチームにとってまさにうってつけ」（『日本経済新聞』２０１２年7月24日付）であった。単に打者としてだけではなく、守備と走塁の能力を含めて評価されていることがよくわかる。

② 信念に基づく具体的行動

20歳代から30歳代にかけて人の身体は変わっていくが、イチローの身体はほとんど変わらなかった。練習量を増やし、練習の質を上げることで維持していった。身体をケアし、体幹を鍛え、体脂肪を増やさない。体重77キロ前後を維持し、同世代男性の標準値が20％前後の体脂肪率は、わずか6％。短距離走のタイムも10年間変わらない。まさに驚異的である。並大抵の努力ではなかったはずだ。

日々のトレーニングでの腹筋、背筋の目標は1日1万回。ただし、年を経るごとに肉体は微妙に変化する。そのため、「若い頃と同じことをしていてはダメ、最新式のトレーニングをその都度取り入れてきた」とのこと。一方、バットのサイズ、重さなどはデビュー当時と同じで20年以上変わっていない（『産経新聞』２０１３年8月22日付）。変えなくてもよいものは変えない。「僕が使っている道具は最高のものばかり。練習方法も昔とは違う。選手のパフォーマンスが前進してもおかしくない」と語る。大リーグでのチーム同僚も「彼が一定のルーティンをこなす姿はずっと変わらないよ」（『日本経済新聞』２０１２年10月6日付）と語っている。

夢や目標を達成する方法は、小さなことを積み重ねること。そのためには、考えや行動を一貫させる必要がある（イチローの名言、２０１５）

たいへん重みのあるイチローの言葉である。それを積み重ねた結果、彼は走攻守で圧倒的なスピードをみせ、数々の記録を打ち立て、ベースボール文化の本質を、アメリカの人たちに思い起こさせたのである。

③ 実戦から学ぶ姿勢

イチローは自らの打撃に関して、打った安打数よりも、はるかに多くの打ち損じた経験から、多くのことを学んだという。そして、「実戦でないとできないことがある。一瞬の判断は、練習では養われない」、「自分が全く予想しない球が来たときに、どう対応するかが大事、試合では打ちたい球は来ない。好きな球を待っていては終わってしまう」と話している（イチローの名言、２０１５）。「前の試合で抑えても、次の日に同じ攻めは通用しない。それがイチロー」といわれる。日々の研究心の高さがうかがえる。

また、「自分で無意識にやっていることを、もっと意識しなければならない」とも話す。たまたまヒットが出て試合に勝てても、結果往来の姿勢では次につながらない。「なぜヒットを打てたのかが問題」であり、それを分析する必要があると強調する。

日本の名将といわれる野村克也監督にも「勝ちに不思議の勝ちあり、負けに不思議の負けなし」という名言がある。プロスポーツ選手たちは、実戦の中で、日々刻々と変化する対戦相手から克服すべき課題を見いだし、緻密な検討のうえ、勝つための対策を導き出しているのだ。もちろん、分析が正確でも対策を自ら実践できなければ、選手としては限界とされる。そのため、対策実践を可能にする身体能力を維持し続けることが、選手継続の絶対条件となる。

## （２）「働き方」を方向づける２理論との整合性

イチロー選手の野球への取り組み姿勢としてまとめた三つのポイントから、働き方に通ずる行動スタイルを見いだし、2理論との整合性を検証したい。

自己分析から見いだされた信念（持ち味のスピードを活かし、打撃・守備・走塁の三つのバランス重視）を不変の真理として、野球をするための身体づくりの努力をひたすら続けている。これは、イチロー選手が野球選手であるかぎり、変わることのない行動である。

キャリアデザイン論的には、「キャリアアンカー」を定める、すなわち、人生航路の羅針盤を定め、ぶれることなく突き進むということになる。この点において、第1理論との整合性が認められる。信念を持ち、決まった課題に取り組み、年齢に応じて微調整を加え、目標を一つひとつクリアしていく。それによって、仮に不振に陥っても、迷うことなく前へ突き進むモティベーションを呼び起こし、難題を克服することを可能にしている。途中過程で信念が揺るがず、盤石であったことが、イチロー選手に成功をもたらした最大の要因であったといっても過言ではない。

プロ野球選手としてのイチロー選手の草創期において、彼を支援した野球指導者が日本プロ野球界に存在したことが知られている。彼は、こうした支援者によって自分の信念を貫くことができ、早い段階から才能を開花させることができたといえる。

しかし、一般社会においては、一度築いた信念を変更する人も少なくない。職場等の方針と合わず、また自分の信念にも自信がもてず、変えざるを得ないからだ。もちろん変えたほうがよい場合もあるだろう。ただし、変更を勧める助言者が、常に適切であるとは限らないことも知っておく必要がある。

次に、第2理論「計画された偶発性」については、40歳を超えても大リーグ球団で活躍する選手であり続けている事実そのものが、整合性を証明している。すなわち、強い信念に基づく日々の積み重ねを続けていけば、所属球団はどこであれ、40歳を超えても貴重な戦力として大リーグ球団でプレーすることが、高い確率で実現するということである。自己の信念に基づく地道なトレーニングに加えて、日々の実戦での失敗を分析し、対策を導き実践する探究心が、必然的に今日の結果を手繰り寄せたのである。決して偶然によってもたらされたわけではない。それがまさに「計画された偶発性」なのである。

とりわけ、後者の実戦での失敗分析と対策実践は、新しい野球環境への適応のために、極めて重要である。仮に実戦での失敗分析が的確であっても、身体づくりのためのトレーニングが不十分であれば、高度な技術を伴う対策実践を自分では行えない。すると、その時点で容赦なく引退を迫られる。多くの選手たちはその道をたどるわけだ。

ところが、イチロー選手に関しては、いずれも自分で行えることに加えて、守備と走塁でも高いレベルを維持し続けている。そのため、40歳を過ぎても、引き続き大リーガーとしてのオファーがある。これは、彼がこれまで行ってきた積み重ねからすれば、必然的な結果ではあるが、職業人としての限界年齢が早く訪れるプロ野球選手の場合、驚異的事実なのだ。ちなみに、イチロー選手が日本球界入りした1992年当時の選手で、2015年以降活躍し続けている現役選手は日米球界にほとんどいない。イチロー選手が42歳で迎えた2016年シーズンは、レギュラーシーズン終了2日後に所属球団との再契約が発表された（『日本経済新聞』2015年10月13日付）。そして、同シーズンでは大リーグ通算3000本安打の金字塔を達成し、大記録は2017年シーズンに入ってからも更新され続けている。

イチロー選手は、大リーグ球団にとって必要不可欠な選手であるため、日々ベンチ入りし、そして、守備に就き、バッターボックスに入っている。この点をまず強調しなければならない。日々の積み重ねが、3000本安打をはじめとした数々の大記録に結びついており、重要な点は大記録よりも、日々の積み重ねのほうなのである。日々のしのぎを削る試合において、戦力になれる選手でなければ、そもそも試合への出場機会すら与えられない。試合に出られなければ、大記録などできるはずもない。それが大リーグなのである。

イチロー選手に続いて、日本プロ野球界のトップランク選手が相次いで大リーグ入りしているが、残念ながらあまり長続きしていない。すなわち、彼らは大リーグ球団にとって、必要不可欠な選手であり続けられないのである。日本球界のトップランク選手であっても、大リーグ球団が求める職務遂行に必要な能力を持ち合わせないことになる。ここに世界の頂点を極める野球界の厳しさを読み取ることができる。

超高齢社会を迎えている日本では、60歳代も働く必要に迫られている。「職を得ている人は、運のよい人、コネのある人」などと簡単に片づけてはいけない。社会環境と自己特性をよく分析し、自らの信念を確立したうえで、イチロー選手のように地道な積み重ねと新しい課題に対する努力を並行して行っていけば、60歳代に職を得ることは、必然的に起こり得る「計画された偶発性」となっていく。この点を強調したいのである。

また、就活に悩む若者たちも、今後の時代変革と自らの生きる方向をよく見定め、その中で自分には何ができるかをよく考えてみることが大切である。周囲の人の助言を参考にして、自らの信念を固め、自らに適した仕事領域を定めたあとは、地道な努力を積み重ねていくことが求められる。まさにイチロー選手の野球に対する取り組み姿勢にみられる行動スタイルがとれれば、自らが定めた仕事領域において、スペシャリストとしての地位を築くことができる。すなわち、高い確率で雇用が約束される。

イチロー選手の野球に対する取り組み姿勢は、野球の技術論以前に「働き方」に関する不変の真理として役立つ。そのため、イチロー語録は、「働き方」の研究者からも注目されている。以下に、本節で取り上げた内容に関係する「イチロー語録」を紹介したい（イチローの名言、2015）。

◆人に勝つという価値観では野球をやっていない
◆「楽しんでやれ」とよく言われるが、僕にはその意味がわからない。ただし、嫌いなものを仕事として選んでいるわけではない（大相撲の横綱・白鵬も同じことを言っている）
◆プロ野球選手は、怪我をしてから治す人がほとんど。しかし、大切なのは怪我をしないように、普段から調整すること。怪我をしてからでは遅い
◆成績が出ているから今の自分でいいという評価を下してしまったら、今の自分はない
◆自然を大切にし、作ってくれた人の気持ちを考えて、僕はバットを投げることも、地面に叩きつけることもしない。プロとして道具を大事に扱うのは当然のこと

## 6/4 21世紀人の働き方

現代は、生き方・働き方の根幹部分において、大きな時代変革が起こっているため、他に委ねることなく、自らが主体となって、生き方・働き方の方向性を定めなければならない。さらに、21世紀中盤へ向けて、日本社会は世界でも類を見ない超高齢社会へと突入するため、年金財政が厳しい

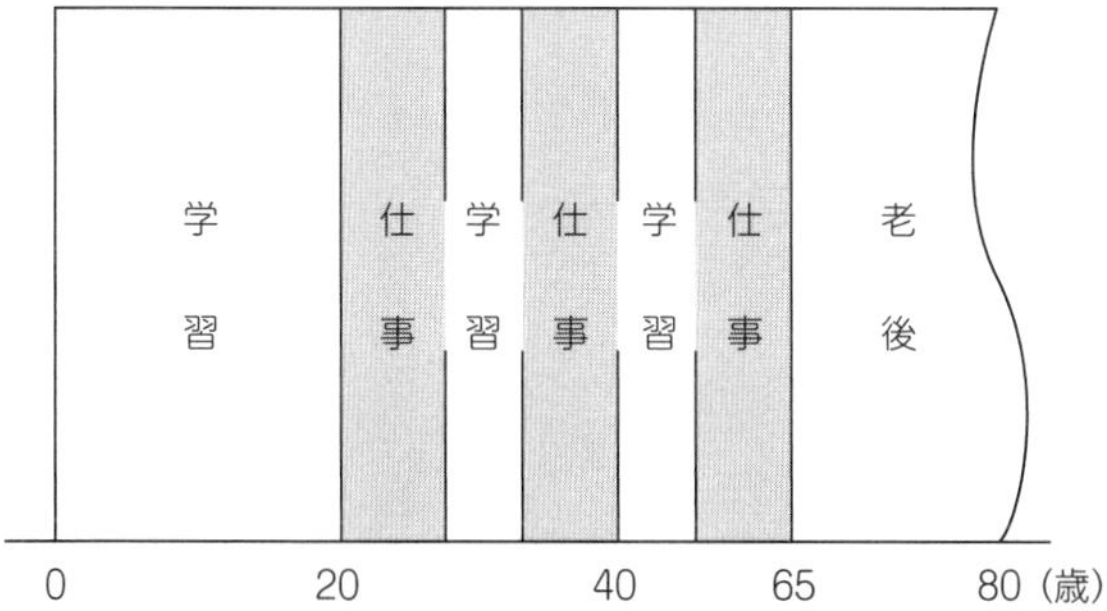

図6・1　20世紀終盤から21世紀初めの人生モデル　主な対象者：1945年以前に誕生した人

状態となることは確実である。それゆえに、この時代を生きる日本人は、まず経済的理由で、老年期まで働かなければならない。高齢者の定義を「65歳から75歳へ引き上げるべき」という提言まで飛び出している（『読売新聞』２０１７年1月19日付）ことは、年金財政の破たんと決して無関係ではない。もはや定年後をのんびり過ごす時代ではないということである。

こうした時代を生きる21世紀人は、老年期まで長期間にわたって労働を強いられる近未来を苦役と受けとめるのではなく、前向きに捉えることが重要である。本節では、長期化する仕事に関わる期間をどのように過ごすかについて、考えていきたい。

## （1）　80歳まで延びる仕事期間と多様な働き方

20世紀前半（１９４５年ごろまで）に生まれた日本人男性の多くは、彼らの職業人生の仕上げ期を20世紀終盤から21世紀序盤においた。彼らは、学校教育を受けたあと、日本の戦後成長期に職業人となり、60～65歳までの職業人生を突き進んだ。第３章で述べたとおり、この世代は、会社に身を委ねることによって、人生が形づくられたため、会社側が独立変数、自らは従属変数であったといえる。

第1章で述べた人生時計についても、第1時計で人生全体がほぼ説明できる世代であった。決まった枠の中に人間を当てはめ、価値観の一元化が進み、適齢期に90％の人が、結婚して子育てを行うライフサイクルが展開された。そして、職業人生を終えた後の人生が「余生」と位置づけられている。すなわち、図6・1で示した人生モデルが成り立つ。格差社会と言われて久しいが、この世代の経済格差は、以下に述べる後年世代と比べれば、相対的に小さいレベルにとどまっている。

彼らが職業に従事している間、自助努力として、仕事に関わる「学習」を行ってきたことはいうまでもない。40年にわたる職業人生において、彼らの職場環境は大きく変化し、それに伴う職務遂行のための学習が必要不可欠とされたからである。例えば、１９８０年代半ばから職場に大量導入されたパソコンは、ほぼ全従業員に対して、その使用が義務づけられた。当時の中高年齢者も四苦八苦しながら、何とか利用可能なレベルに到達することができた。当時の職務遂行のための学習は、社会適応、あるいは組織適応のレベルで処理できる学習であり、大半の従業員にとって対応可能であった。技能習得のための支援が、職場サイドから組織的に行われたことも、見逃せない重要な点である。

２０１３年以降、わが国では年金支給開始年齢が65歳に引き上げられたが、この世代の人たちの多くは、職業人生を終えたあとの生活資金を主に年金で支えている。そして、不足分を貯金の切り崩し、あるいは若干の就労などで補っている。まだまだ、老後資金として年金が中核を占めている世代といえる。

こうした世代に対して、21世紀中盤以降まで生きる人たち（主に１９７０年以降に生まれた人たち）は、質的にまったく異なる人生モデルを展開することになる。彼らは、会社に身を委ねることなく、自ら主体的に人生を築いていかなければならない。その理由は、年金財政が破たんしつつある今、80歳近くまで仕事を持つことも十分あり得るからである。人生航路において長期間にわたって働き続ける際、同じ会社で同じ仕事を継続する可能性は低くなる。新しい考え方やスキルを身につけるために学び続けなければならない。そして、働き続ける中で、働き方を変えなければならない場合も十分あり得る。

1日8時間労働で週5日勤務の仕事を60歳まで続けてきた人が、この勤務形態で80歳まで仕事を継続することは難しい。しかし、長期休暇を挟み、週3日勤務であれば80歳までの勤務も可能である。勤務形態が変われば、それに伴い、仕事内容も変わる。そうした「切り替え」が職場側から求められる。

切り替えを円滑に行うために、グラットンとスコット（Gratton & Scott, 2016）は、無形資産（intangible assets）の重要性を指摘している。無形資産とは、長く働き続けるための必要な資産であり、それを構成する要素として、生産性資産（productivity assets）、活力資産（vitality assets）、および変身資産（transformation assets）を3要素あげている。以下に3要素の概要を説明したい（NHK・BS1、2017）。

第1の生産性資産とは、仕事で生産性を高めるスキル、知識などをさす。いざというときに役立つスキルを身につけると同時に、自らをサポートしてくれる人脈をもつことを含んでいる。すなわち、新たな職務に結びつくスキル学習、あるいはメンタリングやコーチングにつながる人間関係が重要になる。

第2の活力資産とは、健康、ワークライフバランス、友人関係、愛など、幸福感をもたらすものをさす。健康に結びつく運動や食生活の管理と同時に、適切なストレスマネジメントの実践が求められる。友人を持つことに大きな価値を認めている。

第3の変身資産とは、自分自身が変わるために役立つ資産であり、人生のステージ変化に対応する能力をさす。加齢と共に心身機能は低下するため、過去にできたことが、できなくなることは当然起こりうる。それを受けいれて、新たな活路を見いだしていかなければならない。老いを受けいれなければならないということである。老年期において、生き生きしている人は、自らの変化を受け入れて、新たな活路を見いだしている人たちである。

人生後半において変身を遂げるには、自分自身をよく知ることと、多様な人間関係を持つことが重要になる。前者については、組織やグループの一員ではなく、個人として自分自身をよく見つめることが大切になる。後者については、自分と異なる年齢段階、性、仕事内容、国籍の人物と交流を持つことが重要になる。自分と同じタイプの人のみと日常的に交流を持っていては、自分を変えることは難しいが、自分と異なるタイプの人と付き合うことによって、初めて人は変わることができる。変身を遂げるにあたって、とりわけ後者が重要になる。

無形資産は、これまで重視されてきた貯金、不動産、年金などの有形資産（tangible assets）とは、明らかに性質を異にする。無形資産の重要な点は、友人関係、コミュニティーといった社会性との関連である。21世紀の人生航路を歩んでいく途上において、意識的に無形資産を構築していくことが求められている。

無形資産の構築は、一朝一夕では実現するものではなく、一定時間を要する。そのため、日々の生活において、友人と過ごす時間、自己啓発のための勉強に充てる時間、身体を鍛える時間など、

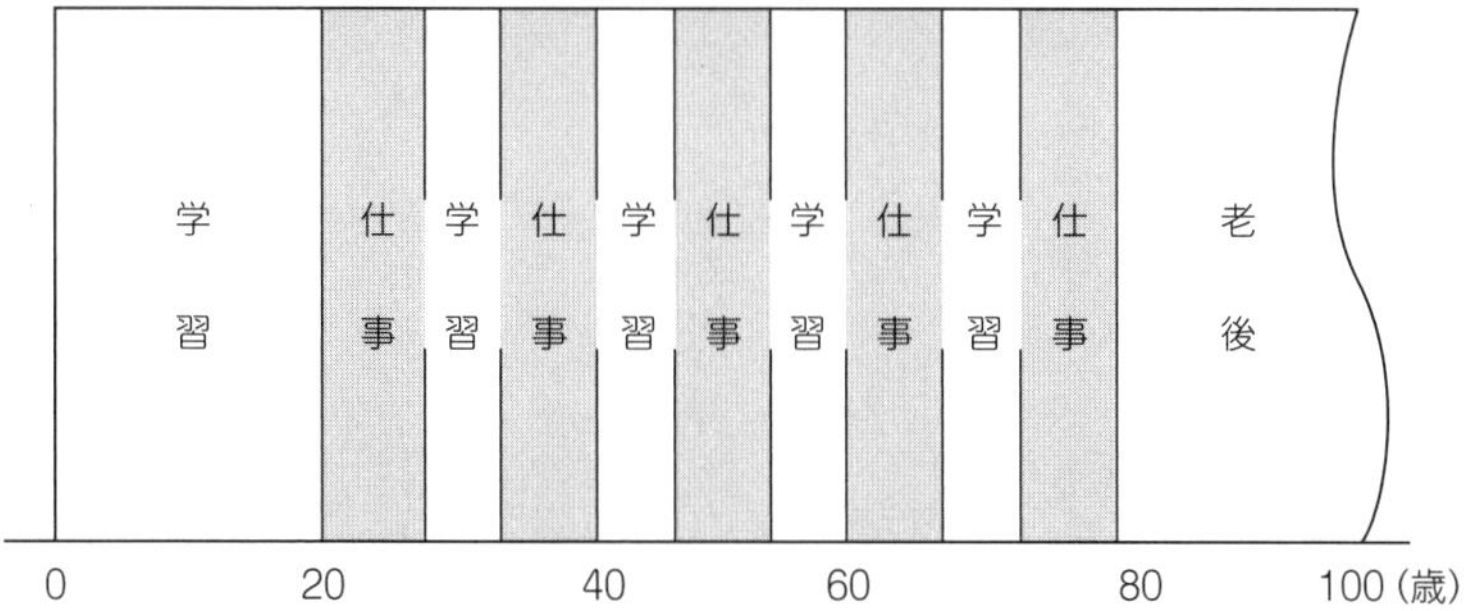


**図6・2　21世紀中盤以降の人生モデル**　主な対象者：1970年以降に誕生した人

時間の割り振りが重要になる。こうしたことをあまり意識せず、結果的に無形資産を構築できた人は、21世紀人の前世代にも、もちろん数多く存在する。しかし、21世紀人には、無形資産の重要性を十分理解したうえで、その獲得へ向けて努力を行うことが求められる。

無形資産の構築が、「健康増進→新時代に適応した弾力的発想の修得→新しい仕事の獲得」といったプラスの連鎖をもたらし、人生後半を切り開いていく。すなわち、21世紀人にとっては、無形資産の構築は、仕事の継続に結びつき、有形資産の構築にもつながる。21世紀中盤以降を生きる人たちは、こうして80歳近くまで、仕事と人と関わりながら、新たな人生モデルを展開していくことになる。

**図6・2**で示した人生モデルによって、今後の人生を切り開いていく世代は、すでに述べたとおり、主に１９７０年以降生まれ世代と考えられる。彼らは、高い確率で21世紀中盤以降を生きていくことになるからである。そのため、無形資産の構築に向けて、速やかに準備を始める必要がある。

また、図６・１と図６・２の狭間にある世代（１９４５〜７０年ごろまでの誕生者）は、時代変革の過渡期を生きる人たちであるため、生き方・働き方において、難しい対応を強いられることになる。一般論として、１９４０年代後半から１９５０年代生まれの人たちは、図６・１モデルに近い「生き方・働き方」でもよいと思われるが、1960年代生まれの人たちは、図6・2モデルに近い「生き方・働き方」が求められる。それぞれがおかれている個別的事情によって異なるが、大きな時代変革の流れを意識しながら、今後の自らの「生き方・働き方」を方向づけ、その準備を始めていく必要がある。

### (2)「40歳リセットモデル」が示唆すること

現代は、生き方・働き方の基盤が揺らいでいる。国の政策も人々の意識も、速すぎる時代変革のスピードに対応できていない。すでに21世紀を生きる日本人は、「65歳以上も仕事を継続する」という現実を受け入れ、その方法を模索し始めている。その際、人生航路において、長期化する仕事期間を苦役としてではなく、自己実現に結びつけてほしいものである。そうした「働き方に関する理念」がいくつか提示され始めているので、それらを紹介したい。

65歳以降もバリバリと働き、生涯現役を志向する人の特徴として、民間シンクタンクを経営する西山氏は、次の4点を指摘する（『日本経済新聞』2012年9月28日付）。

①学ぶ姿勢を持ち続けている
②対人関係力が高い
③このスキルでは負けないといった「売り物」（高い専門的能力）を持つ
例）資格を持つ
④自分から売り込んでいる。ただし、現役時に築いた自分の人脈内に限る（退職後に職を得ている人は、「あの人に頼みたいと後輩から慕われている人」に限られる）

65歳以降も引き続き働くためには、職種や業種の壁を越えて経験の幅を広げていくことが必要になる。そのためには、20～30歳代で転職する人が多い。同じ会社にとどまっていては、経験の幅を広げたくとも、自分自身が望む部署に異動できる可能性が低いからである。しかし、転職者の多くは、職場に不満を抱き、職場を変えることだけを目標とする人が少なくない。この理由だけでの転職は、いわゆる「青い鳥症候群」型の転職となり、職場を変えても新たな不満を抱くことになる。「転職に成功する人の共通点」として、日経ビジネスは、次の３点を指摘する（『日経ビジネスAaaocie』２０１７年８月10日付）。

①自分自身の経験・スキルの棚卸を行い、その整理ができている。それによって、自分に合った転職先に巡り合えている。

②将来の目指すべき方向が描けている。それによって、どの職場で、どのような経験を積めば良いかについて、把握できている。

③企業が求める人材像を把握し、自分の存在価値をアピールできる。それによって、企業が採用したい人となっている。

さらに、日本人の平均寿命の伸びとともに、本書のタイトルに掲げた「人生１００年時代」をすでに生き抜いた「百寿者」（センテナリアン，centenarian）が注目され始めてきている。２０１６年９月時点で６万５７００人が到達しており、今後ますます増える見通しである。百寿者研究は、身体的側面、精神・心の側面、そして社会的側面からアプローチされている。とりわけ、社会参画を継続することによって健康寿命を高め、百寿に到達したという指摘は注目される（『朝日新聞』２０１７年８月15日付）。

21世紀を生きる人たちは、人生全体において仕事期間が長くなるということ、さらに前記において紹介した「働き方に関する理念」を考慮すると、21世紀人の新たな働き方として、以下の①～④の「仕事スタイル」が浮かび上がる。

① グローバルビジネス型（日本国内から全世界型）
② ローカルビジネス型（職住接近型）
③ 生涯現役型（専門職型）
④ ソーシャルビジネス型（社会貢献型）

学校卒業後の就職に際して、若者たちは、20歳前後での自己分析と社会環境分析をもとに意思決定を行う。しかし、自らの生き方に自信を見いだせない人も多く、3年以内での初職退職者が、大卒者の場合でも、1990年代後半から30％を超えているわけである。

そこで、若者たちの最初の就職に当たって、仕事内容、勤務地を含めて、前記の四つの仕事スタイルを提案したい。この中で、自分に最もふさわしい仕事スタイルはどれか、若者たちには、考えることから始めてもらいたい。そして、その仕事スタイルに合致する職場へ就職できた場合には、当面40歳ぐらいまで、その職場で自分を磨き続けてほしい。併せて、これから続く長い人生において、本当にこの「生き方・働き方」が自分に合っているのかどうかについて、考えてもらいたい。

人生時計の後半を見据え、自分だけでなく、新たに築く家族全体を中核に据えて、キャリアデザインを考える必要がある。人生時計の折り返し点である40歳前後であれば、家族を形成しているであろうという前提で議論が展開されている。

21世紀後半を生きる人たちの仕事人生は、65歳で終焉するのではなく、80歳近くまで続くことが想定されている。そのため、自らの人生後半が展望できる年齢段階において、思い切ったリセットを行うことが必要になる。すなわち、この点に、「40歳リセットモデル」の有効性が認められる。

# 第7章

# 人生設計支援の核心に迫る

本書では、人生航路の基盤3要素として、「健康、経済力、自らの拠りどころ（生きがい）」を提示した。そこで、結びの章では、基盤3要素に関する7テーマをコラム形式で取り上げることにより、人生設計支援の核心に迫りたい。

特に、第6・第7テーマでは、筆者の身近な生活場面において、健康長寿を体現している高齢者の実例（第7テーマは故人）を紹介した。そうした事例を通して、超高齢社会での「生き方・働き方」について、筆者の考え方の結びとしたい。

**捉えておきたいキーワード**

□健康寿命　□ポピュレーション・アプローチ
□生涯スポーツ　□QOD（Quality of Death）
□フロイト心理学　□健康長寿者

7
1

## ポピュレーション・アプローチの重要性

世界有数の長寿国であるわが国では、単に平均寿命を伸ばすだけではなく、いかに健康寿命を伸ばすかについて、高い関心が寄せられている。健康寿命とは、「健康上の問題で日常生活が制限されることなく生活できる期間」と定義され、２０００年にＷＨＯ（世界保健機関）によって提唱された概念である。わが国の平均寿命と健康寿命との差は、およそ男性9年、女性12年とされる（厚生労働省、２０１４）。

高齢者人口の増加と高額な新薬の登場に伴い、医療費は増え続けている。厚生労働省は、ジェネリック医薬品の使用を推奨し、医療費の伸びを抑えてきた。しかし、高齢者人口の増加と高額な新薬開発と導入が、これを上回るスピードで進んでいるため、医療費の伸びを抑えきれなくなっている（『日本経済新聞』２０１６年9月13日付）。

医薬品の進歩は好ましいことではあるが、医療費の伸びが際限なく続くことは、社会保障財政を深刻な事態にさせる。現在まさに大きな壁に突き当たっている。

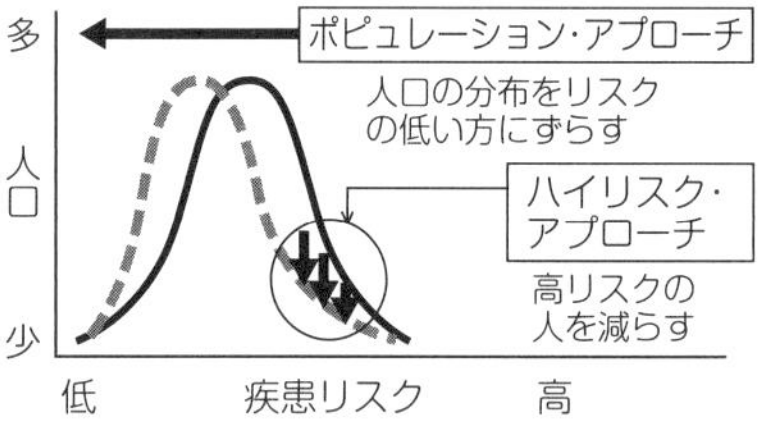


**図7・1　ハイリスク・アプローチとポピュレーション・アプローチ**
出所：日本経済新聞，2016年3月28日付

薬に頼らない健康な身体づくりが、まず検討されなければならない。これには、ハイリスク・アプローチとポピュレーション・アプローチといった二つの方法が存在する。**図7・1**がそれを示す。

ハイリスク・アプローチとは、健康障害を引き起こす可能性が高い個人に対して、その危険確率（いわゆるリスク）を下げるように働きかけることを意味する。例えば、脳卒中に対するハイリスク・アプローチとは、一定水準以上の高血圧患者に対して、降圧剤で血圧を下げる治療を行い、脳卒中発症リスクを低下させることを意味する。すなわち、健康障害を引き起こす要因をすでにもつ個人を対象として絞り込み、そのうえで効果的措置を施すことになる。

これに対して、ポピュレーション・アプローチとは、国民全体、あるいは地域住民全体が健康になるように、対策を進めることを意味する。ハイリスク・アプローチが絞り込まれた特定の個人への治療を行うことに対して、ポピュレーション・アプローチは、集団に対して予防的措置をとるところに特徴がある。

脳卒中に対するポピュレーション・アプローチとして、減塩運動は代表的取り組みの一つになっている。日本では、1979年に「1日の塩分摂取量10グラム」という目標値が設定された。その後、減塩のみならず、食事と運動を絡めたアプローチが高血圧などの生活習慣病の予防や解消に有効とされ、大きな展開をみせている。

健康対策としての運動は、有酸素運動と無酸素運動に分けられる。まず、有酸素運動とは、全身を使い酸素を多く取り込みながら行う運動をさし、ウォーキング、体操、サイクリングなどが代表的である。一方、無酸素運動とは、一瞬息を止めて瞬間的に力を出す運動をさし、筋力トレーニングなどが代表的である。無酸素運動は、急激に血圧を上昇させるため、高血圧の人は注意が必要である。

国の健康増進の指針「健康日本21」では、国民全体の高い方の血圧（最高血圧）の平均値を4ミリメートルHg下げる目標を掲げている。個人レベルでみれば大きな変化ではないが、国民全体でみると、これが実現すれば、脳卒中による死者が男性で8・9％、女性で5・8％減ると推計されている（『日本経済新聞』2016年3月28日付）。

この取り組みこそ、社会全体を健康な方向へ導くポピュレーション・アプローチに他ならず、わが国社会の大きな課題であることがわかる。

現実の医療現場では、「予防よりもまずは治療」となっており、ハイリスク・アプローチが重視されている。しかし、超高齢社会を迎えている日本では、中程度のリスクをかかえた人が最も多く、国民全体を健康な方向に改善していくことが、今後重要になる。

ポピュレーション・アプローチは、即効性のある効果がみえにくいという指摘も多いが、人生100年時代においては、一人ひとりが健康維持に関心をもち、病気になる以前にさまざまな予防的措置をとることが重要になる。その積み重ねが、医療費の削減に結びつく。

## 7/2 総合型地域スポーツクラブの日本社会への適応可能性

2000年9月に策定された「スポーツ振興基本計画」では、生涯スポーツの重要性が強調されている。具体的政策目標として、「成人の週1回以上のスポーツ実施率50％到達」が示された。この実現ために、2010年までに「総合型地域スポーツクラブ」を各市町村に少なくとも一つ、さらに広域スポーツセンターを各都道府県に少なくとも一つ設置することが目標とされ、地域に根ざしたスポーツクラブの組織化により、スポーツ人口を増加させるねらいが示された（菊、2011）。

従来の日本のスポーツは、学校や企業を中心に展開されてきた。しかし、今後は国が介入して、生涯スポーツとして展開させるという、まさに画期的な政策転換である。

スポーツの実践方法は、個人種目やチーム種目などさまざまであるが、今後は、地域スポーツクラブを通して行うことが重視される。すなわち、多種目、多世代、多目的な特徴を併せもつ「総合型地域スポーツクラブ」形態で実践される。

総合型地域スポーツクラブが政策的に地域社会に導入されることにより、スポーツクラブは大転換を遂げることになる。すなわち、スポーツの役割が個人的趣味のレベルから、住民主導の街づくり・地域づくりへと大きく変化していく可能性がある。

総合型地域スポーツクラブは、「子ども教育への貢献、超高齢社会における〈元気高齢者づくり〉への貢献、コミュニティーの活性化、運動公園の再利用など、地域再創造の役割が期待される」とスポーツ科学の専門家は指摘する（中川、2011a）。さらに、医療費削減などの社会全体に対する大きな経済効果も期待される。

一例として、筋トレを中心とした健康プログラムが実施されている茨城県鉾田市では、早速その効果が現れている。健康教室参加者の医療費（2年間）2万3000円に対して、同期間の非参加者の医療費は9万6000円に上っていることから、大きな医療費削減効果が認められている（中川、2011b）。

一方、総合型地域スポーツクラブが、わが国の地域社会風土にうまく適応できるかどうかの不安もある。

公園の周りを一人でジョギングする中年男性、人通りの少ない街路を散歩する高齢者夫婦の姿は、日本国内でよく見かける光景である。運動の重要性を十分認識しながらも、日本社会には、あまり人づき合いは得意でない人たちが、決して少なくはない。まとまった集団として存在している。また、グローバル化の進行によって、多くの人たちと広く浅く接することになじんできた日本人も、確かに増えてきている。

前者をAタイプとし、後者をBタイプとすれば、総合型地域スポーツクラブで気軽に人と交流をもつことができる人たちは、Bタイプに属する人たちといえる。Bタイプの人たちのために、総合型地域スポーツクラブをより充実させていくことはたいへん重要なことである。今後一段と力を入れていく必要がある。

しかし、一定数存在するAタイプの人たちに対しては、総合型地域スポーツクラブへの入会を勧めても、入会後、継続して活動することが難しい場合もあり得る。そのため、Aタイプの人たちに適した別のスポーツシステムを検討する必要がある。

Aタイプ向けのスポーツシステムとして、町田（2015）の研究がおおいに参考になる。これは、加齢とともに筋肉量が減少し、筋力が低下することに着目し、健康寿命を増進させるために、簡単にできる以下の四つの筋力トレーニングを提唱したものである。

①スクワット：直立した状態からひざ関節の屈曲・伸展を繰り返す運動
②ヒールレイズ：かかとの上げ下げ運動、足のむくみ解消、ふくらはぎの筋トレ
③プッシュアップ：腕立て伏せ、胸筋のトレーニング
④クランチ：腹筋運動

筋肉量を維持し、筋肉を動かしていくことが、健康寿命を伸ばすことにつながるとし、運動の際の注意事項として、空腹時を避けることを力説している。理由は、筋肉を破壊してしまうからとの

ことである。そして、運動後3時間以内にタンパク質を摂取することを勧めている。

こうした方法による筋力トレーニングであれば、対人関係が苦手な人であっても、自宅において一人で行うことが十分可能である。地味なトレーニングの積み重ねによって、筋力低下を防ぎ、健康寿命を伸ばすことができる。欧州の人たちのようにフランクな人間関係をなかなか築けない日本の高齢者にとっては、こうした運動スタイルは注目に値する。

新たな対人関係を構築することが苦手な日本人高齢者であっても、「健康で幸せな老年期」を送るためには、人との交流は不可欠となる。自宅で黙々と筋トレに励むにしても、何らかの形での人との交流は必要になる。長年来の友人、あるいは趣味の仲間などは、交流を持てる有力な候補といえる。対人関係の苦手な人は、少ない友人と深く交流する傾向が強い。そのため、自分流のスタイルで他人と交流を持ち、晩年の人生を過ごしていくことが重要になる。

国策となった総合型地域スポーツクラブの推進に関しては、日本社会に依然として数多く存在すると思われるAタイプの高齢者を十分にふまえて、今後のクラブ運営を進めていくべきである。すなわち、筋力系のトレーニングを黙々と一人で行いたい高齢者がいるということを含みながら、プログラムの考案や施設の充実を図ることが必要になる（所雄太郎、２０１７）。

## 7/3 医療におけるパラダイムシフト：死生学の充実

わが国の医療費は年々増え続けている。２０１４年度年間医療費（約41兆円）の３分の１に相当する約14兆円は、後期高齢者医療制度が適用される75歳以上高齢者が使用している。１人当たりの

表7・1　医療のパラダイムシフト

| | 急性期型医療 | | 高齢者医療 | |
|---|---|---|---|---|
| 社会的価値 | 完全治癒 | vs | 障害との共存 | 個人的価値 |
| | 社会復帰 | vs | 生活復帰 | |
| | 救命・延命 | vs | 納得のゆく死 | |

年間医療費を比較すると、15～44歳の11・7万円に対して、70歳代後半78・5万円、80歳代前半92・5万円、85歳以上１０４・８万円となっている（『朝日新聞』２０１７年8月26日付）。

薬剤や医療機器の高額化が進む中で、比較的余命が短い超高齢者にどこまで使用するべきか医療現場の模索が始まり、社会問題化している。

「平均寿命を超えたら超高額な薬剤は使わないことや、治療内容によっては、自己負担割合を引き上げることなどを本気で考えないと、医療が崩壊するかもしれない」と国立長寿医療センター名誉総長は訴える。患者自身が望まない延命治療が行われる場合もあるため、患者の意識が明確なうちに、延命治療の実施の有無を決めておく方針を打ち出した自治体も現れた。これに対しては、「生命を軽んじ、国の医療費抑制に同調している」といった反発も出ている（『朝日新聞』２０１７年8月26日付）。

こうした動きの中で、老年医学の研究者からは、死生学（thanatology）の観点から、医療におけるパラダイムシフトが主張され始めている（日本学術会議主催・日本老年医学会共催シンポジウム、２０１７）。エッセンスを述べると次のようになる。

医学の進歩によって、不健康寿命を伸ばし、死を延伸させることは好ましいことではない。例えば、80歳代、90歳代の患者に対して、医療保険を適用して、人工透析（腎臓機能が低下した患者に対して、人工的に血液浄化を行う療法）、胃ろう（口から食物の摂取が困難な患者に対して、胃や腸などの消化管にチューブを通して直接栄養をおくる方法）を行うことに関して、疑問が示されている。超高齢者へのこうした医療措置を、病気に対する治療とみるか判断が分かれている。こうした医療措置を施すことにより、寿命は約２年延びるとのことである。ちなみに、北欧諸国では、人工透析、胃ろうは行われておらず、日本より平均寿命が短いことも併せて報告された。

医療のパラダイムシフトとして、表7・1の体系が示された。最終段階に記されている「救命・延命」vs「納得のゆく死」が、今まさに問われている。心理学では、生活の質、人生の質という観点からＱＯＬ（Quality of Life）に高い関心が寄せられているが、このテーマは、ＱＯＤ（Quality of Death）に関わる問題といえる。老年医学の研究者たちは、「あるところで見切ることも肝心」と主張する。さらに「決して医療費抑制の観点から言っているのではなく、副作用のリスクが大きい医療措置が、果して、体力が乏しい高齢者に適切かどうかを問うている」と付け加えている。

人の生命に直結する問題であるため、たいへん難しい問題となっている。「高齢者は早く死ねということか」という厳しい批判も当然聞こえてくる。

本書の中で紹介した日野原重明氏（２０１７年に１０５歳で逝去）は、最期まで経口摂取にこだわり、胃ろうは拒絶したという。一つの価値観であると思う。私事になるが、筆者の母親も主治医から胃ろうを勧められたが、母親は自らの意志で明確に拒絶し、その3カ月後に亡くなった（２０１６年に84歳で逝去）。母親なりの生き方を貫いたと筆者は誇りに思っている。

## 7/4 65歳以降人生における経済的基盤

21世紀中盤の２０５０年頃の日本社会は、総人口９０００万人、65歳以上人口比率40％という超高齢社会になる可能性が予見されている。将来が不安視されるわが国の年金システムであるが、21世紀中盤にはどのような形になるのか。政治家や社会保障の専門家からさまざまな意見が出され、議論が行われてはいるが、なかなか着地点が見いだせず、国民目線からすると、明確な近未来像がみえない。先般も、総理大臣主導の「人生１００年時代構想会議」の初会合が行われたが、十分な財源が確保できなければ、かけ声倒れに終わりかねないといった厳しい指摘が寄せられた（『朝日新聞』２０１７年9月12日付）。

手探り状態が続く中で、一段と深まる超高齢社会を生きるための経済的基盤をどのように安定させるのか、国民不安は高まってきている。もはや公的年金だけには頼れないことは明らかである。そのため、長期化する65歳以降の人生を維持する資金源について、一人ひとりが人生中盤から考える必要に迫られている。

本書の中では、80歳ぐらいまでの就労を前提とした人生設計を示唆した。人の生き方は多様化し、一段と格差社会が進む。若年人口も減少するため、高齢者介護のスタッフが大幅に不足する。そのため、介護分野をはじめとしたさまざまな分野への外国人労働力導入が不可避となってくる。それによって、現在の欧州社会にみられる功罪入り混じる社会問題が起こる可能性が十分予想される。現在進んでいる東京都心への若年者の人口流入は、地方社会の消滅につながり、未来予測をより早める一因になるように思える。

21世紀中盤以降に老年期を迎える人たちの経済的基盤として、次のようなことが考えられる。いずれも筆者の私見であることを付記したい。

第1は、老年期の生活設計は、毎年、退職時年収の50％程度で行うことを前提に考えたらどうであろうか。退職時年収は個人差が大きいため、老年期の生活は、それに見合った個人差のある生活が営まれることになる。

第2は、退職時年収の50％程度を、毎年どのように捻出していくかである。資金源として、①労働による収入、②貯蓄の切り崩し、③公的年金、④資産の運用、の四つが候補になる。多くの人は、前記①～③によって、資金を捻出し、経済的基盤を確立することになるとみられる。

第3は、老年期の生計費についての具体的な金額目安である。次のような参考データがある（NHK総合、2017）。夫婦2人が標準的な生活を営むことを前提に生計費を試算すると、65～85歳の20年間で約6400万円、65～100歳の35年間で約1億1200万円が必要とされる。この金額には、もちろん公的年金の支給額が含まれる。さらに、収支バランスがあるため、変動性が大きい。当然ながら、居住地条件などによって、支出額は大きく変動する。また、共働きであれば、自分と配偶者の収入を含めて考えることになる。

こうした指標を念頭におきながら、人生時計における第1時計の午後に入り始めた40歳代前半あたりから、後半の人生を展望することが望まれる。この点からも、本書の中で指摘した「40歳リセットトモデル」は説得力を増すように思える。

第4は、後半の人生へ向けての主な準備項目である。いずれも経済的基盤に深く関わる項目を選んである。

① 健康管理の励行：健康寿命を伸ばせるように、本書で紹介した内容などを参考に日々努力を積み重ねていただきたい。
② 仕事を長く継続させる努力：自分に適した仕事を長く続けられれば、公的年金や貯蓄額が

少なくとも、必要生計費を確保できる。自分に適した仕事の継続は、生きがいや健康維持にもプラスに作用する。そのためには、40歳ごろから、老年期を見据えて、長く継続できる仕事ついて、各自が考え始める必要がある。

③ できる範囲での貯金の積み重ね：学校を卒業して職業人になった当初から、実質賃金の10～15%を貯金する努力を行うことが重要である。貯金の習慣化が、質素な生活リズムを形成し、人生全体のプラン構築にプラス効果をもたらす。ちなみに、北欧諸国の人たちの幸福度が高い理由として、老後生活が保障され、将来不安が少ないことがあげられる。その大前提として、社会保障に関わる税金が高いことはいうまでもなく、それに伴い、日々の生活は、限られた生計費の中で、家族が協力し、質素な生活が営まれている。

④ 「生き方・働き方」を考えること：現在の日本人高齢者の多くは、学校卒業後に仕事を持ち、与えられた課題に誠実に対処し、退職後には公的年金によって、生活が保障される人生設計を基本としていた。自らは社会に対して《従属変数》として生きてきたといえる。これに対して、21世紀中盤以降を生きる日本人は、自らが社会に対して《独立変数》にならなければならない。経済的基盤をはじめとした自らの「生き方・働き方」を主体的に考えなければならない。

## 7/5 自らの拠りどころとフロイト心理学

人生に関する解釈として、筆者はかつて次のような説明を行ったことがある（所、2002）。「人生とは、社会·文化的脈絡の中で、ストレスに対して積極的な対処行動をとり、愛の関係を大事にしながら、自己実現をめざして、常に自らの能力を発揮し続ける過程である。この営みは、人生時計が止まるまで、生涯を通じて続いていく」。

人間は前へ進んでいく必要がある。そのためには、軸足が定まっていなければならない。すなわち、不変の部分（変わらないもの）が絶対に必要であり、それを探し求めている。「変わらないもの」にたどり着けるかどうかが、安定した人生航路を歩むために重要となる。自分が生きている間、自分の内面において恒久不変の価値をもつ「変わらないもの」、それが「自らの拠りどころ」であると本書では力説した。

心に安らぎと生きる力を与える「変わらないもの」を見いだしていくためには、フロイト心理学における「愛すること」と「働くこと」が深く関わる。

故郷に対して自らの拠りどころを求める人が少なくない。故郷は、人生における原点回帰のまさに象徴的な場といえるからだ。故郷への思いは、皆に共通なアイデンティティーを与え、新たな活力をもたらす。

親が子を思う気持ち、また成長した子が年老いた親をいたわる気持ちは、自らを育んでくれた故郷を思い起こすことによって蘇える。また、古い友人との再会、あるいは、墓参を通して心の中で行われる故人との会話も、故郷へ戻ることによって、はじめて実現する。いずれも自分にとって大切な人が関わり、故郷が人との交流の重要性を呼び起こしている。すなわち、フロイト心理学における「愛すること」が深く関わる。

愛することについては、「自分が人を必要とし、また人も自分を必要とすること」を意味すると筆者は解釈した。愛することの本質には、「共存」「共生」「利他主義」といった概念が深く関わる。現在の日本社会では、愛の喪失が顕在化しているが、故郷を思い起こすことによって「愛すること」が蘇えるように思える。

そうした掛け替えのない故郷を、東日本大震災後に起こった原発事故によって失ってしまった人たちがいる。国と東京電力に対して「故郷喪失」に対する損害賠償請求訴訟が現在行われており、原告側の主張を認める判決が続いている（『朝日新聞』２０１７年9月23日付）。当然の判決であるといえる。「自らの拠りどころ」の片側を失くしてしまった人たちに対するケアが求められる。

フロイト心理学におけるもう1本の柱である「働くこと」については、人間の主体的部分が深く関わり、それを通して自分の持つ能力を発揮し、学習し、自分自身を高めていくことができる。そして、最終的な到達目標である「自己実現」を達成できれば、人は大きな満足感を享受できる。他者から与えられた仕事を従属的に処理するだけの職業人であったとすれば、決して自己実現を達成しているとはいえない。自らを高めるための「文化創造活動のための学習」を並行的に行うことによって、自己実現が達成される。

自己実現は、何かに打ち込むことによって達成される。すなわち、前向きな気持ちを持つこと（学ぶ姿勢を持ち続けること）、仕事を持つこと、趣味を持つこと、によって達成される。さらに、自己実現は、一人で達成される点に注目しなければならない。アイデンティティー概念の根幹に位置づけられ、まさに「自らの拠りどころ」になっている。それゆえに、自らの内面において恒久不変の価値を持つ「変わらないもの」となっている。

80歳ごろまで仕事を持ち続ける時代が迫っている。その仕事を自分で見つけだし、仕事を続けるために必要な《学習》を継続していかなければならない。自分に不向きな学習であれば苦役以外の何物でもないが、適性のある学習であれば楽しいものである。学童期から長い期間をかけて（40歳ごろまでの間に）、自分に適した仕事を見つけだし、それを継続するための《生涯学習》を続けていくことが求められる。

超高齢社会を生きていく人たちは、自分に適した仕事を長く持ち続けることが、自己実現の達成、他者との交流を通した幸福感を高めることに結びつく。原点にフロイト心理学（「愛すること」と「働くこと」）が存在している。

## 7/6 健康長寿者の特徴

健康長寿を実現している高齢者3名を紹介し、その人たちの共通特性を探っていきたい。なお、記載年齢は2017年末時点での年齢である。

① Aさん：97歳女性（主婦）

淡々と日々を過ごすAさんは、東京オリンピック開催（2020年）まで元気で過ごすことを当面の目標に掲げる。そのとき、まさに百寿者となる。同一敷地内に74歳長男の夫婦が暮らし、自らは2DKほどの隠居で生活する。長男夫婦と毎日コミュニケーションをとってはいるが、月1回の通院時に付添いをしてもらう以外は、身の回りのことは、基本的に自分で行っている。なお、通院に関しては、Aさんは、バスを乗り継いで自分一人で行く自信はあるが、病院側が家族付添いを義務づけているとのこと。Aさんの基本的な日課は次のとおり。

毎朝5時半に起床し、7時前には掃除、洗濯、朝食の支度を完了。朝食後しばらくくつろぎ、昼前後に近隣地域で、決まったコースをウォーキング。これらを一人で行う。午後は、陽の高い時間帯に近くのスーパーまで徒歩で出向き、夕食の買い物を行う。そして、夕食支度に入り、入浴をし、テレビを見て、午後10時ごろに就寝。

近隣老人施設でのデイサービスに毎週1回参加することを楽しみにしている。Aさんにとって、掛け替えのない社会参加の機会だからである。朝8時半に施設の送迎車が自宅まで来てくれる。会合の場では、自分から話しかけるように心がける。理由は、同世代の人が皆亡くなり、近隣とはいえ、もはや昔なじみの知り合いはおらず、最高齢の自分から積極的に話しかけないと友人はつくれないからである。

市内に70歳代の長女夫婦、60歳代後半の次男夫婦が暮らしており、正月、お盆、彼岸をはじめ、月1回程度は、必ず訪ねてくる。孫、ひ孫もおり、皆がおばあちゃんを慕っている。家族が集まるときには、和やかな雰囲気が醸し出される。

Aさんは、「家族一人ひとりが自立して、皆それぞれの生活を営んでいる。だから、自分でできることは、他人を頼らず自分でやる。欲をかかない、無理をしない。毎日の生活リズムを崩さないようにしている」と自らの生きる拠りどころを語る。Aさん家族は、皆が穏やかな性格の持ち主であり、ストレスを受け流す術を心得ている。

Aさんの夫は、数年前に98歳で亡くなった。亡くなる前2年間は、介護施設へ入居した。皆が高齢であるため、自宅介護は難しかった。Aさんについても、自立が困難になれば、介護施設に入ってもらわざるを得ないと、74歳長男は話す。長男ご自身は、今もなお、週5日間フルタイムでの仕事を続ける。規則正しい生活をしているため、健康状態は良好。長男もかなりの健康長寿が望めそうである。

② Bさん：83歳男性（研究教育者）

70歳を超えても、地方大学において長く非常勤講師を務めた元気な元大学教授がいる。真夏でもワイシャツ、ネクタイに地味なスーツ姿は、Bさんの定番スタイルである。会話では、多くを語らず、他人の世界にあまり立ち入らない。温和であるが、芯の強さを感じさせる人である。

東京で暮らすBさんが、地方大学へ出向いて、週に1回授業を行っていることに話が及ぶと、「車窓からの緑がきれいで、気持ちがよい」と語る。基本的に日帰りで往復していた。

Bさんが、なぜ仕事を続けているのか考えてみたい。

老年期において、名誉欲や金銭欲から、仕事を継続する人もいるが、Bさんの場合は、まさに、その対極にある。ひたすら地味に、これまでの仕事を継続したいと考えている。そして、無理をせず、自らを受け入れてくれる場所で、仕事を継続したいと考えている。この考え方は、生涯にわたって変わらないスタンスである。

Bさんは一人暮らしであるため、長年にわたる友人をとても大切にしている。同世代の人が多いようだ。仕事の継続に関して、おそらく、この友人たちが大きな役割を果たしていると推測される。友人たちは、Bさんにとって、掛け替えのない財産になっている。

Bさんは、大学での授業継続のみならず、かつての勤務先大学において、紀要論文を年1回投稿することを忘れてはいない。２０１６年紀要にもBさんの論文は掲載されている。地味な努力を続けていることがわかる。

80歳を超えた現在、大学で授業を担当しているかどうかは不明である。しかし、地味な形で学会セミナーに参加し、同世代の長年にわたる友人との再会を楽しみにしているのがBさんの生き方である。これが、Bさんの生きる拠りどころになっているように思える。

③ Cさん：80歳女性（現役理容師）

一人で理髪店を切り盛りする80歳の現役理容師Cさんがいる。筆者は、2カ月に1度の頻度で、4半世紀にわたって、この理髪店で散髪してもらっている。なじみ客の多くは、年配者であるが、子どもも少なくない。それなりに繁盛している。Cさんは、まだまだ現役を続けるという。

Cさんは、同じく理容師であった夫に数年前に先立たれ、今は一人暮らしである。子どもは2人いるが、それぞれ結婚して家庭をもち、Cさんとは別に暮らしている。

Cさんの日課はハードである。店の開店時間は午前9時、閉店は午後6時頃、休みは原則的に週1回の定休日（月曜日）のみ。来客のない時間帯は休めるが、それでも店内に待機している。開店時間までに、店内準備、自らの身支度を完了させなければならない。こうした規則正しい生活を長年にわたって続けていることが、自らの健康にプラスに作用しているとCさんは語る。店を閉じてしまうと、逆に病気になってしまう気がすると話す。

定休日に外出する際には、子どもたちが付き添ってくれるとのこと。子どもたちや孫たちとのコミュニケーションは密にとっている。

また、来店する客は、長年にわたるなじみ客が多いため、散髪をしながらの日常会話が弾む。この会話が、とても楽しいという。仕事を通して、客と人間関係を築き、その幅を広げ、仕事の手応えを実感しているという。店を閉じてしまうと、なじみ客との会話がなくなるので、これが最も寂しいことであると語る。

理容師の仕事は、調髪や染髪であるため、客との会話はなくとも仕事はできるが、客との会話を通して、Cさんが仕事に意義ややりがいを見いだしていることがわかる。


健康長寿を実現している高齢者3名の「共通点」を整理したい。次の3点があげられる。

① 人とつながりを持ち続ける
② 仕事を持つ
③ 無理をしない≒温和な性格

3名の方は、いずれも、ほぼ完全な自立状態にあり、基本的に身の回りのことは自分で行っている。そして、自らに適した規則正しい生活を心がけ、実践している。背景には、強い意志の存在がある。注目される点は、いかに自立状態にあるとはいえ、3名の方が、「人とつながりを持ち続ける」ことをたいへん重視していることである。そして、その手段として、「仕事を持つ」という方法を選択している。

Bさんの場合は、長年の友人との交流を大事にし、大学で授業を担当したり、学会セミナーに参加することにより、人との交流と仕事を持つことが一体化している。Cさんの場合も、理髪店を営むことを通して、なじみ客との交流を継続させている。

百寿を目前に控えるAさんについては、家族に見守られ、日々の生活を営むこと自体が、仕事を持つことと同じ意味を持つと示唆される。

最後に、温和な性格に基づく無理をしない姿勢が、3名の方の根幹にある。この人格特性が辛い現実を受け入れる包容力を形成し、ストレスに対する耐久力になっているといえる。

## 7 地味な研鑽の継続と肩書のない名刺の重み

「私は一老人ですよ」とにこやかに語り、定年退職後にパソコン教室へ通い、一市民として地味に生き続けた元大学教授がいる。2014年暮れに90歳で亡くなった筆者の恩師である。「先日、新宿御苑で所属サークルのイベントがあって、私が準備当番の役を務めたんですよ」とほのぼのと話されたこともあった。「今は先生と呼ばれることもなく、同世代の人たちから『○○さん』と気軽に呼びかけられている。そうした人間関係はとても気持ちがよい」とも言われた。

筆者は、専門の心理学ではもちろんのこと、人間としての生き方について、数々のご薫陶を恩師から賜った。とりわけ定年退職後の先生の生き方は素晴らしく、数々の功績や肩書などを一切表に出さず、氏名と住所・電話番号だけの名刺は、心打たれるものであった。大学名誉教授も博士号も何も記されていない先生の名刺には、まさにお人柄が凝縮されているように思えた。

筆者が大学教員になってから、かつて先生ご自身が関西の国立大学で医学博士を取得されたときの話をしてくださった。当時38歳であった先生は、教授から論文指導を受ける前日には、特急つばめに乗って8時間かけて東京から神戸へ移動されたとのこと。東海道新幹線がまだ開通していない1960年代前半のことであった。若い人たちには想像できないような時代であろう。

そして、学位取得後には指導に当たられた教授から「医学博士を若くして取得すると、派手な生き方をする人が時々いる。今後も地味な研鑽を続けていくように」という重い言葉を賜ったとのことであった。先生がそれを忠実に守って、その後の人生を歩まれたことについて、誰一人として疑う人はいない。筆者に対して「この金言をそのままあなたに伝えたい」と仰ってくださったことは誠にありがたく、一生心に留めおくべき大切なお言葉であると噛み締めている。

地味な研鑽の継続と肩書のない名刺の重み、これをわかってくれる人は必ずいる。多くの人にアピールする必要もない。そうした生き方は実に素晴らしいと思う。これは一つの価値観であり、キャリアアンカー（人生航路の羅針盤）になり得るものである。

# おわりに

現代はまさしく「生き方モデルのない時代」になっている。時代が21世紀半ばへと進む今、遠からず人生100年時代が到来する。そうした中で、混沌とする21世紀社会での「生き方・働き方」について、本書では考えた。そして、一つの方向性を示唆した。

「生き方・働き方」は多種多様であり、「もっとゆったりと受けとめるべきではないか」という主張も確かに存在する。自分自身と社会環境に対する分析が不十分なために、一度限りの人生において、十分な能力発揮ができないとすれば、たいへん残念である。「生き方・働き方」研究は、こうした人たちに支援を送りたいのである。

格差社会が、世界各地に蔓延している。それが引き金となって、テロや犯罪が起きているように思える。そして、テロや犯罪の背景には、無意識化した嫉妬感情が存在するように思える。人間の能力として、大きな差はなくとも、歯車のわずかなズレによって、人生においては「大きな格差」が生まれることが度々ある。こうしたときに、自らの能力を生かし切れていない人たちが、やり場のない不満をテロや犯罪という形で、社会全体や特定の不満対象にぶつけているとしたら、たいへん悲しい思いがする。

現代の若者たちは、「がんばれ」と言われても、「がんばり方がわからない人」が非常に多い。周りで励ましている大人たちも、がんばり方の具体的方法について助言指導できる人はあまりいない。そこで本書では、この点に問題意識を求め、「人生100年時代の生き方・働き方」のセオリー解明へ向けて、大胆に挑んでいった。そして、少しずつ光明がみえてきたように思える。

原点は、フロイトが示唆した「働くこと（自己実現）」と「愛すること（共存）」であった。人生を通して、「働くこと」によって、自らの拠りどころを見いだすことができ、経済的基盤も安定する。仲間もできて、「共存関係＝愛すること」が成立する。そして、健康長寿にもプラスに作用する。長い期間にわたって働き続けるためには、自分に合った「働き方」を自分自身で見つけださなければならない。これが21世紀人に課せられた発達課題なのである。自ら人生設計を行い、それに基づいて前進していくためには、生涯にわたって、《学ぶ姿勢》をもち続けなければならない。このプロセスを決して苦役と捉えるのではなく、「生涯発達の階段を昇り続けていく」と捉えたい。これが、現時点で、私がたどり着いた結論である。

ただし、さまざまな理由で、それがうまくできない人が、必ず存在することを忘れてはならない。21世紀社会は、そのためのサポートシステムを同時に整備していかなければならない。「生き方・働き方」の理論化と支援に向けて、取り組むべき課題は山積する。この分野は、まさに発展途上の分野なのである。

私は、今年還暦を迎えた。自分をとりまく身近な人が、変わり続けている。誠に残念ながら、すでに亡くなってしまった人もいる《過去》。私にとってかけ替えのない存在であり続けてくれる人もいる《現在》。今後重要な存在となる人もいる《未来》。それが人生であるとつくづく思う。人生時計は、これからも動き続ける。

私の人生時計説に則れば、還暦で第1時計をリセットし、第2時計に切り替わる。今後は、第2時計の刻みを意識しながら、人生航路を歩んでいくことになる。本書で自ら検討した「生き方・働き方」のセオリーを念頭におき、引き続き人生航路を歩んでいきたい。

本書の出版に際して、大きなお力添えをいただいた学文社の二村和樹氏に対して、心から御礼申し上げたい。最後に、日頃から私の研究活動を支えてくれている立正大学の同僚の皆様方、ならびに学生諸君、学会・研究会や企業の友人方々、そして、妻と子どもたちに感謝の意を表したい。

2017年9月

水戸の自宅にて

所　正文

# 引用文献


朝日新聞（２００６）「フランスなぜ『子だくさん』？：雇用につなぎとめる施策」２００６年２月15日付

朝日新聞（２００８）「17年目イチロー、野球への姿勢一貫　３千安打の金字塔」２００８年７月30日付

朝日新聞（２０１４）「70歳まで働きますか：〈こころの定年〉に耳傾けて」２０１４年８月19日付

朝日新聞（２０１７）「オピニオン&フォーラム〈揺らぐ働き方〉」２０１７年８月３日付

朝日新聞（２０１７）「長生き 健康に暮らしてこそ：めざせ！センテナリアン」２０１７年８月15日付

朝日新聞（２０１７）「高齢者への高額医療 現場は模索」２０１７年８月26日付

朝日新聞（２０１７）「人生１００年会議初会合：変わる目玉 変わらぬ財源問題　教育や社会保障…４つの論点」２０１７年９月12日付

朝日新聞（２０１７）「故郷喪失 慰謝料広く認定：原発避難者訴訟 東電に３・７億円命令　２０１７年９月23日付

Bian,Y. & Ang, S.（1997）. Guanxi networks and job mobility in China and Singapore. *Social Forces,* 75, 981-1007.

Butler, R. N., & Gleason, H. P. (Eds.)（1985）. *Productive aging: Enhancing vitality in late life.* New York: Springer.

Diener E. D., Robert.A.E., Larsen,R.J.,and Griffin,S. (1985). The satisfaction with life scale. *Journal of Personality Assessment,* 49(1), 71-75.

フォード・M.／秋山勝訳（２０１５）『テクノロジーが雇用の75％を奪う』朝日新聞出版社（Ford, M.（2009）. The Lights in the Tunnel: Automation, Accelerating Technology and the Economy of the Future. Createspace Independent Publishing Platform）

グラットン・L.／スコット・A.／池村千秋訳（２０１６）『ＬＩＦＥ　ＳＨＩＦＴ（ライフ・シフト）１００年時代の人生戦略』東洋経済新報社（Gratton, L., Scott, A.（2016）The 100-Year Life：Living and Working in an Age of Longevity. Bloomsbury Information Ltd.）

Havighurst, R. J.（1953）. *Human Development and Education.* New York: Longmans, Green.（荘司雅子訳（１９５８）『人間の発達課題と教育―幼児期から老年期まで―』牧書店）

日野原重明（２０１３）「老年学の過去，現在と将来」第28回日本老年学会・特別講演（２０１３年６月４日、大阪国際会議場）

ひろ さちや（２００４）『仏教に学ぶ老い方・死に方』新潮社

イチローの名言（２０１５）http://earth-words.org/archives/956

稲永和豊（１９９７）『知的巨人たちの晩年：生き方を学ぶ』講談社

石田英夫（１９８８）「日本企業の国際人的資源管理」松島静雄・中條毅・武澤信一・石坂巌編『現代労務管理の課題と展望』日本労働協会、２４６-２６５頁

城繁幸（２００６）『若者はなぜ3年で辞めるのか?：年功序列が奪う日本の未来』光文社

葛西賢太（１９９６）「愛することと働くこと：発達と母性をめぐる精神分析的神話を支えるもの」『上越社会研究』11、1-10頁

菊幸一（２０１１）「スポーツ政策と公共性」菊幸一・齊藤健司・真山達志・横山勝彦編集代表『スポーツ政策論』成文堂、１５９-１８２頁

小林源（２０１５）「就活を通して人生を考える」21世紀日本研究セミナー〈２０１５年5月30日〉

国立社会保障・人口問題研究所（２０１７）「日本の将来推計人口（平成29年推計）」の公表資料 http://www.ipss.go.jp/pp-zenkoku/j/zenkoku2017/pp_zenkoku2017.asp

国税庁（２０１７）「税の国際比較：消費税（付加価値税）の標準税率（２０１７年1月現在）」https://www.nta.go.jp/shiraberu/ippanjoho/gakushu/hatten/page13.htm

駒崎弘樹（２０１３）「若者よ、君の20年後の飯の種は〈今存在しない仕事だ〉」『日本経済新聞』２０１３年10月30日付

厚生労働省（２０１４）「厚生科学審議会地域保健健康増進栄養部会資料」

Krumbolz, J.D.（1994）The career beliefs inventory. *Journal of Counseling Development*, 72, 424-428.

クルンボルツ・J.D.／レヴィン・S.／花田光世・大木紀子・宮地夕紀子訳（２００５）『その幸運は偶然ではないんです！』ダイヤモンド社（Krumboltz, J.D., Levin, S.（2002）*Planned Happenstance: Making the Most of Chance*

*Events in Your Life and Your Career*, Impact Publishers.)

町田修一（２０１５）「団塊スタイル『筋力アップで延ばす！健康寿命』」ＮＨＫ・Ｅテレ２０１５年９月18日放送

前野隆司（２０１３）『幸せのメカニズム：実践・幸福学入門』講談社

増田寛也（２０１４）「人口減少社会の設計図」『社会イノベーション／Smart City Week』日経ＢＰ社、２０１４年10月30日

増田寛也（２０１５）「時代の風：東京圏の高齢化危機＝元総務相・増田寛也」『毎日新聞』２０１５年６月28日付

文部科学省（２０１７）「教職員等の指導体制の在り方に関する懇談会提言」２０１５年８月26日、http://www.mext.go.jp/a_menu/shotou/hensei/003/__icsFiles/afieldfile/2015/09/11/1361243_1.pdf

中川保敬（２０１１ａ）「スポーツクラブと総合型地域スポーツクラブ」菊・齊藤・真山・横山編集代表、同前書、３３９-３４３頁

中川保敬（２０１１ｂ）「地域スポーツクラブの成功事例」同前書、３４４-３５４頁

成毛眞（２０１７）『ＡＩ時代の人生戦略：「ＳＴＥＭ」が最強の武器である』ＳＢクリエイティブ

ＮＨＫ・ＢＳ１テレビ（２０１７）「ダボス会議２０１７　どう生きる？人生１００年時代」（２０１７年２月18日放送）

ＮＨＫ放送文化研究所（２０１０）『現代日本人の意識構造（第７版）』ＮＨＫ出版

ＮＨＫ放送文化研究所（２０１５）『現代日本人の意識構造（第８版）』ＮＨＫ出版

ＮＨＫ「幸福学」白熱教室制作班（２０１４）『「幸せ」について知っておきたい５つのこと』ＮＨＫ「幸福学」白熱教室　KADOKAWA／中経出版

ＮＨＫ総合テレビ（２０１４）プロローグ「幸せを見つける鍵」『「幸福学」白熱教室』（２０１４年１月３日放送）

ＮＨＫ総合テレビ（２０１４）「幸福学」白熱教室・第２回「仕事を天職にする方法」（２０１４年１月17日放送）

ＮＨＫ総合テレビ（２０１５）「クローズアップ現代：極点社会～新たな人口減少クライシス～」（２０１５年５月１日放送）

ＮＨＫ総合テレビ（２０１６）「クローズアップ現代：高齢者の〝大移住〟が始まる⁉～検証・日本版ＣＣＲＣ～」

（２０１６年2月15日放送）
ＮＨＫ総合テレビ（２０１７）「金曜イチから：〝人生１００歳時代〟あなたはどうする！？」（２０１７年9月16日放送）
日本学術会議主催・日本老年医学会共催シンポジウム（２０１７）「超高齢社会に求められる高齢者医療の担い手の育成」名古屋国際会議場２０１７年6月15日
日本経済新聞（２０１２）「ヤンキースがイチローを獲得したワケ」２０１２年7月24日付
日本経済新聞（２０１２）「60歳以降も働くために　40代からすべきこと：西山経営研究所長　西山昭彦氏」２０１２年9月28日付
日本経済新聞（２０１２）「ジーターらが語るイチローの素顔」２０１２年10月6日付
日本経済新聞（２０１３）「『なでしこ管理職』増えず　日本女性12％、先進国で最低水準：経済成長のカギ　育児支援など課題」２０１３年1月7日付
日本経済新聞（２０１３）「ライバルは世界の同輩　第6部　提言編（4）」２０１３年5月5日付
日本経済新聞（２０１３）「候補者どう選ぶ『女性役員１人』へ高まる外圧」２０１３年6月28日付
日本経済新聞（２０１３）「大学の専攻に原因？　女性管理職、日本はなぜ少ない」２０１３年7月2日付
日本経済新聞（２０１３）「働く女性、20～30代で7割に　過去最高を更新」２０１３年7月13日付
日本経済新聞（２０１４）「スウェーデン、専業主婦率２％でも出生率高い理由」２０１４年6月21日付
日本経済新聞（２０１５）「イチローと再契約、球団が認めた〈真のプロ〉の価値」２０１５年10月13日付
日本経済新聞（２０１６）「同一労働同一賃金の論点は（Ｑ＆Ａ）」２０１６年2月24日付
日本経済新聞（２０１６）「パート大国オランダの秘密　発端は雇用危機　世界が問う（2）」２０１６年3月21日付
日本経済新聞（２０１６）「減塩運動・歩道の整備　社会全体を健康に」２０１６年3月28日付
日本経済新聞（２０１６）「医療費41兆円、膨らむ薬代　15年度３・８％増　5年ぶりの伸び率」２０１６年9月13日付
日本経済新聞（２０１６）「同一賃金　実効性の壁：政府が指針　法的拘束力なし」２０１６年12月21日付

日本経済新聞（２０１７）「出生数 初の１００万人割れ　16年、出生率も低下１・44」２０１７年６月３日付
日経ビジネス Aaaocie（２０１７）「キャリアデザイン転職のススメ」３１７、60－78頁、２０１７年８月10日付
小此木啓吾（１９７２）『現代精神分析Ⅱ』誠信書房
労働政策研究・研修機構（２０１６）「キャリア形成支援の国際的な理論動向の紹介」No.170（２０１６年５月）
http://www.jil.go.jp/institute/siryo/2016/documents/0170.pdf
労働政策研究・研修機構（２０１７）「データブック国際労働比較２０１７」http://www.jil.go.jp/kokunai/statistics/databook/2017/02/p052_2-4.pdf
産経新聞（２０１３）「師匠が語る偉業の理由〈パワーに迎合せずスピード極めた〉」２０１３年８月22日付
Shein, E.H.（1996）*Career Anchors Revisited: Implication for Career Development in the 21st Century*, MIT Sloan School of Management.
シュプランガー・E.／伊勢田耀子訳（１９６１）『文化と性格の諸類型』（世界教育学選集18・19）明治図書出版
寺裏誠司（２０１５）「いよいよ、本格的な大学の淘汰時代が始まる」『大学ジャーナル online』〈２０１５年10月20日〉http://univ-journal.jp/column/20152114/
所正文（１９８９）「職業生活意識の立体的構造分析に関する試論」『応用心理学研究』14、１－11頁
所正文（１９９２）『日本企業の人的資源：管理論と現代的課題』白桃書房
所正文（２００２）『働く者の生涯発達―働くことと生きること』白桃書房
Tokoro,M.（2005）The shift towards American-style human resource management systems and the transformation of workers, attitudes at Japanese firms, *Asian Business & Management*, 4, 23-44.
所正文（２００６）「若年者失業問題」永野孝和編著『マネジメントからの発想：社会問題へのアプローチ』学文社、１８１－１９９頁
所正文（２００７）『高齢ドライバー激増時代―交通社会から日本を変えていこう』学文社
所正文（２００９）「高齢者の運転適性とニュー・モビリティーシステム導入の必要性」『運輸と経済』69、９、25－32頁

所正文（２０１１）「大学生へのキャリア教育のあり方」『熊本学園大学経済論集』17、３・４（合併号）67 - 81頁
Tokoro,M.（2011）An Issue on Automotive Society in Europe: From the viewpoint of environment and aged problem. *Seikeironso*, 155, 71-85.
所正文（２０１２）『車社会も超高齢化―心理学で解く近未来』学文社
所正文（２０１４）「交通文化心理学の萌芽：交通の窓から俯瞰する21世紀異文化共生社会の兆し」『立正大学心理学研究所紀要』12、55 - 64頁
所正文（２０１５）「視点・論点：高齢者の自動車運転問題」ＮＨＫ総合テレビ、２０１５年11月24日放送
所正文（２０１６）「人生デザイン理論の模索」『立正大学心理学研究所紀要』14、77 - 87頁
所正文（２０１７）「高齢者の交通安全を考える：自動車優先主義の限界と21世紀中盤社会の展望」『交通安全教育』６１３、６ - 16頁
所正文（２０１７）「若者のキャリアデザイン構築のための社会的支援：大学新卒３割・３年以内退職にどう対応するか」『立正大学心理学研究所紀要』15、79 - 89頁
所雄太郎（２０１７）「総合型地域スポーツクラブへの参加が高齢者の健康感と幸福感に及ぼす影響について：文化サークル会員との比較を通して」平成28年度順天堂大学大学院スポーツ健康科学研究科修士論文
東京理科大学ウェブページ（２０１７）「学部・研究科別の在籍者数・男女比（２０１７年５月１日現在）」http://www.tus.ac.jp/info/foundation/youran.html
若林満（１９８７）「キャリア発達に伴う職務満足度・組織コミットメントの変化について」『日本労務学会年報』（第16回大会）１０５ - １１５頁
渡辺史敏（２０１７）「科学技術への興味、スポーツで取り戻せ　プロの挑戦」『日本経済新聞』２０１７年８月23日付
渡辺洋子（２０１６）「男女の家事時間の差はなぜ大きいままなのか―２０１５年国民生活時間調査の結果から」『放送研究と調査』２０１６年12月号、50 - 63頁
渡辺三枝子（２００３）『キャリアの心理学』ナカニシヤ出版
World Happiness Report（2013）http://worldhappiness.report/ed/2013/

World Happiness Report (2017) http://worldhappiness.report/ed/2017/

Yaguchi,K. (2012). Characteristics of psychological problems for the elderly in Japan. *Japanese Journal of Applied Psychology*, 38, 144-151.

谷口幸一・所正文（２０１３）「プロダクティブ・エイジング―２０４０年高齢者４割の社会を考える」早稲田大学心理学会２０１３年公開シンポジウム

山田順（２０１３ａ）「ＭＯＯＣ革命で日本の大学は半数が消滅する！：高等教育のオンライン化がもたらす〈衝撃の未来〉（上）」〈２０１３年７月17日〉http://toyokeizai.net/articles/-/15581

山田順（２０１３ｂ）「オンライン化が、〝日本の学歴〟を破壊する：高等教育のオンライン化がもたらす〈衝撃の未来〉（下）」〈２０１３年７月24日〉http://toyokeizai.net/articles/-/16065

読売新聞（２０１２）「欧州新事情 フランス：新生児の56％婚外子 事実婚〈緩やかな家族〉」２０１２年10月12日付

読売新聞（２０１７）「論点スペシャル：学会提言〈高齢者75歳から〉」２０１７年１月19日付

読売新聞（２０１７）「残った命 人のために：豊かな老い 最期まで １０５歳 日野原重明さん死去」２０１７年７月19日付

## な行



## は行

## た行

## さ行

# 索　引



## あ行



## か行

## 著者プロフィール

**所　正文**（ところ まさぶみ）

1957年水戸市生まれ。立正大学心理学部教授。

早稲田大学第一文学部心理学専攻卒業，同大学院修士課程修了，1994年博士（文学，早大）。専門分野は，産業・組織心理学，生涯発達心理学。1988年東京都知事賞・日本労働協会長賞受賞，2004年日本応用心理学会賞受賞。2003-04年に英国シェフィールド大学 Visiting Professor。欧州や中国，そして江戸期日本との比較研究を通して，超高齢化する21世紀日本社会の文化・文明論的な構造転換と持続可能な社会構築を提案。

主要単著として，『日本企業の人的資源』（白桃書房），『中高年齢者の運転適性』（白桃書房；文部省科学研究費助成図書），『働く者の生涯発達』（白桃書房；日本応用心理学会賞受賞図書），『高齢ドライバー激増時代』（学文社），『車社会も超高齢化』（学文社）。高齢ドライバー問題に関するコメンテーターとして，テレビ番組にも出演。

**人生100年時代の生き方・働き方―仕事と人と関わり続ける時代―**

2017年12月15日　第１版第１刷発行

著　者　所　正文

発行者　田中　千津子
発行所　株式会社　学 文 社

〒153-0064　東京都目黒区下目黒3-6-1
電話　03（3715）1501（代）
FAX　03（3715）2012
http://www.gakubunsha.com



乱丁・落丁の場合は本社でお取替えします。
定価は売上カード，カバーに表示。

印刷　新灯印刷

ISBN978-4-7620-2747-5